プーチン
大統領守護霊
緊急メッセージ

日露
平和条約
がつくる新・世界秩序

大川隆法
RYUHO OKAWA

まえがき

プーチン大統領から「日露平和条約を、無条件で年内に結ぼうよ。」と提案されても何も返答できない安倍首相。この国では、天皇制同様、内閣総理大臣も、中空《ちゅうくう》構造のなかに祭られているらしい。

北朝鮮危機に続いて、この国には南シナ海の制海権を巡る対中国、第三次世界大戦に巻き込まれる危機が近づいている。

直近の国際政治ニュースでも、第一次大戦終結百周年記念に、フランスで何十カ国が集まった。マクロン大統領が、トランプ大統領やプーチン大統領のような独裁者が利己主義者であって、真の愛国者でもなく、イギリスのEUからの独立派と同じ分離主義者であり、ナチスの再来であるかのような演説をぶった。世界はきな臭《くさ》い。

北欧でのＥＵ合同軍事演習も、ロシアとの新冷戦といわれている。今こそ未来の設計図を引かねばならない。

二〇一八年　十一月十三日

幸福実現党創立者兼総裁《こうふくじつげんとうそうりつしゃけんそうさい》　大川隆法《おおかわりゅうほう》

日露平和条約がつくる新・世界秩序
プーチン大統領守護霊 緊急メッセージ

目次

日露《にちろ》平和条約がつくる新・世界秩序《ちつじょ》
プーチン大統領守護霊《しゅごれい》 緊急《きんきゅう》メッセージ

二〇一八年十一月九日　収録
幸福の科学 特別説法堂《せっぽうどう》にて

「霊言現象《れいげん》」とは、あの世の霊存在の言葉を語り下ろす現象のことをいう。これは高度な悟《さと》りを開いた者に特有のものであり、「霊媒現象《れいばい》」（トランス状態になって意識を失い、霊が一方的にしゃべる現象）とは異なる。外国人霊の霊言の場合には、霊言現象を行う者の言語中枢《ちゅうすう》から、必要な言葉を選び出し、日本語で語ることも可能である。

また、人間の魂《たましい》は原則として六人のグループからなり、あの世に残っている「魂のきょうだい」の一人が守護霊《しゅごれい》を務めている。つまり、守護霊は、実は自分自身の魂の一部である。したがって、「守護霊の霊言」とは、いわば本人の潜在《せんざい》意識にアクセスしたものであり、その内容は、その人が潜在意識で考えていること（本心）と考えてよい。

なお、「霊言」は、あくまでも霊人《れいじん》の意見であり、幸福の科学グループとしての見解と矛盾《むじゅん》する内容を含《ふく》む場合がある点、付記しておきたい。

日露《にちろ》平和条約がつくる新・世界秩序《ちつじょ》
プーチン大統領守護霊《しゅごれい》 緊急《きんきゅう》メッセージ

二〇一八年十一月九日　収録
幸福の科学 特別説法堂《せっぽうどう》にて

ウラジーミル・プーチン（一九五二〜）

ロシアの政治家。レニングラード大学法学部を卒業後、旧ソ連のソ連国家保安委員会（ＫＧＢ）等を経験。エリツィン政権の末期に首相となった後《のち》、「強いロシア」を掲《かか》げて大統領を二期（二〇〇〇〜二〇〇八年）務める。いったん首相に戻《もど》ったが、二〇一二年三月、二〇一八年三月の大統領選に共に勝利し、通算四期目の大統領に就任。親日派であり、柔道家《じゅうどうか》としても知られる。

質問者　※質問順

綾織次郎《あやおりじろう》（幸福の科学常務理事 兼《けん》 総合誌編集局長
兼「ザ・リバティ」編集長 兼 ＨＳＵ講師）

釈量子《しゃくりょうこ》（幸福実現党党首）

及川幸久《おいかわゆきひさ》（幸福実現党外務局長）

［役職は収録時点のもの］

1　流動化する国際政治に引くべき設計図

二年前の二〇一六年に「日露《にちろ》平和条約」に言及《げんきゅう》

大川隆法　今回の霊言《れいげん》は、今日（二〇一八年十一月九日）、録《と》ろうと思ったものです。

プーチン大統領の守護霊《しゅごれい》霊言としては、もうすでに四冊の本が出ており、国論やマスコミ等にけっこう影響《えいきょう》を及《およ》ぼしていますし、政府にも影響を及ぼしているとは思うのですが、まだ（方針が）グラグラしている面もあります。

今日、気になったことがあります。今朝《けさ》の産経新聞に幸福の科学出版が広告を打っているのですが、メインは『習近平《しゅうきんぺい》

●四冊の本……　『ロシア・プーチン新大統領と帝国の未来』（幸福実現党刊）、『プーチン大統領の新・守護霊メッセージ』『プーチン 日本の政治を叱る』『ロシアの本音　プーチン大統領守護霊 vs. 大川裕太《ゆうた》』（いずれも幸福の科学出版刊）。

守護霊　ウイグル弾圧《だんあつ》を語る』（幸福の科学出版刊）であり、「中国包囲網《ほういもう》」という言葉も載《の》っています。

この本が広告のメインではあるのですが、それと一緒《いっしょ》に、『プーチン　日本の政治を叱《しか》る』（幸福の科学出版刊）の広告もあり、「日本は、いまこそ『日露《にちろ》平和条約』の締結《ていけつ》を。」という言葉を載せてあります。

また、トランプ大統領守護霊の英日対訳の本（『守護霊インタビュー　トランプ大統領の決意』〔幸福の科学出版刊〕）の広告も載せ、ついでに、「死んだら、やっぱりあの世はあったよ」という言葉を添《そ》えて、『公開霊言　女優・樹木希林《ききききりん》』（幸福の科学出版刊）の広告も載っています。

こういう構成ですが、実は、このプーチン氏の守護霊霊言は、「日本を叱る」という言葉を使いたくて（今回の広告に）出したのだろうと思います。

私としても、「この秋には、プーチン氏の守護霊霊言を録らなくてはいけないな」と思っていたのですが、ドイツでの講演会等もあったので、政党（幸福実現党）関係の収録の優先度がやや下がり、録《と》り損《そこ》ねていました。

そのため、二年前の本の広告が出たのですが、これは新しい本の広告であるべきだったでしょう。もっと早く録りたかったのですが、少し遅《おく》れてしまいました。

プーチン氏の守護霊霊言のうち、最近の二冊（二〇一六年発刊の『プーチン　日本の政治を叱る』〔前掲〕と『ロシアの本音　プーチン大統領守護霊vs.大川裕《ゆう》太《た》』〔幸福の科学出版刊〕）では、どちらの本でもプーチン氏の守護霊は「日露平和条約」について述べています。

新聞を読めば、突然《とつぜん》、プーチン氏が「年内に日露平和条約を結ばないか」と言い出したかのように書いてありますし、テレビ番組でもそう言っています。しか

●ドイツでの講演会……　2018年10月7日、ドイツ・ベルリンのホテル ザ・リッツ・カールトン ベルリンで、“Love《ラヴ》 for《フォー》 the《ザ》 Future《フューチャー》”と題して英語講演と質疑応答を行《おこな》った。

し、これは「突然」ではなく、その話はすでに二年前に二冊の本で、もう出ていました。

これは、「プーチン氏の場合、守護霊と本人の表面意識とが一致《いっち》している」ということなのです。

それが一致していない人もいます。守護霊と本人の表面意識とがまったく通じていない人の場合は、守護霊霊言を収録すると、守護霊のほうが本人の表面意識を変えさせたくて、〝（本人の意識から）遠い球《たま》〟を投げることもあるのですが、彼の場合は、かなり通じているのです。

幸福の科学に対して、日本のマスコミは見識不足

大川隆法　プーチン氏の守護霊霊言の三冊目である、『プーチン　日本の政治を叱る』（前掲）は、二〇一六年の五月十九日付《づけ》で「まえがき」を書いています。『ロシアの本音　プーチン大統領守護霊 vs. 大川裕太』（前掲）は四冊目で、「まえがき」は二〇

●突然プーチン氏が……　2018年9月12日、ロシア・ウラジオストクでの東方経済フォーラムでプーチン大統領は安倍首相に「年末までにいかなる前提条件もなしで日露平和条約を締結しよう」と提案した。

一六年十二月二十日付です。

その両方に平和条約関連のことが出てきており、「日本は腹を決めろ」などと言っているので、もう二年も前にプーチン氏の守護霊は「平和条約」に言及《げんきゅう》していたわけです。

つまり、「幸福の科学から本が出ているので、日本国民はもう知っている」と思い、プーチン氏は「年内にやらないか」と言っているわけですが、日本のマスコミは「突然言い出した」という感じのことを言っています。

これには、マスコミが「幸福の科学の意見等はスポーツ紙ぐらいに載れば十分だ」と思っていて、そのあたりの見識不足が影響しているのではないかと思います。テレビ局のキー局等が幸福実現党をあまり扱《あつか》わず、泡沫《ほうまつ》政党のように見て、「早く消えてくれないかなあ」というように考えていた責任が、外交にまで来ているのではないかと私は思うのです。

流動化する国際政治に設計図を引ける人がいない

大川隆法　幸福の科学は、「習近平氏のウイグル弾圧」についても明らかにし、かなり言っていますが、今の国際政治のなかでは、やはり、「プーチン大統領は、なぜ、こう言ったのか」ということを、もう少し詰《つ》める必要があります。

アメリカには、今、「中間選挙が終わって、どうなるか」という問題もあるので、やや微妙《びみょう》ですし、ロシアと中国の関係も微妙です。

ロシアのプーチン氏はトランプ氏と気が合うタイプではあったのですが、「アメリカの大統領選（二〇一六年）のときに、ロシアから、いろいろと不正な動き、アプローチがあったのではないか」というような疑惑《ぎわく》がいまだにくすぶっています。

アメリカのなかに長くある「ロシア仮想敵国説」を信じているような人たちが、共和党にも民主党にもいるので、「分断主義者」と言われて責められているトランプ氏を何とか追い出そうとして、そういう問題で火を点《つ》け、「ロシア疑惑」をかけてくるわけです。

そのため、トランプ氏には、ロシアに対しても少し距離《きょり》を取らないといけないような面も出てきたりしているのです。

最近、トランプ氏は司法長官をクビにしましたか。

綾織　はい。司法長官が更迭《こうてつ》されました。

大川隆法　更迭しましたね。トランプ氏は、「大統領選挙に関して、ロシアから特別な何かを受けたわけではない」ということを言っているわけで、「フェイクニュース（虚偽《きょぎ》報道）」という言葉も流行《はや》ってはいます。

実際、「米露が近づいたら、どうなるか」ということですが、やはり、中国が不利になっていきますし、ＥＵ（欧州連合《おうしゅうれんごう》）のほうは決め手を欠くことになります。

トランプ氏は、例えば、ＥＵのほうでは「ブレグジット」、つまりグレートブリテン（イギリス）のEUからの離脱《りだつ》を勧《すす》めていますし、フランスにも、「もうEUから独立したらどうだ」というようなことを言っています。

先日（二〇一八年十月上旬《じょうじゅん》）、私はドイツに行って講演をしましたが、要するに、「（英仏が離脱したあと）ドイツのメルケル首相がEUを背負えるか」となると、「グシャッと潰《つぶ》れそうだ」ということで、●メルケル氏も早めに逃《に》げ出そうとし始めているのです。

このトランプ戦略は、けっこう大きいのです。「EUの力を潰す」というのは、どういうことかというと、EUはロシアの脅威《きょうい》ではなくなる方向に動くわけです。そうなると、ロシアは、対EUでの軍事費を増大させたり警戒《けいかい》したりすることを、それほどやらなくても済みます。「ウクライナ問題」からあと、対EU戦争まで用意しなくてはいけないのだったら、ロシアにとっては大変なことになるわけですからね。

一方、中国のほうはどうかというと、EUにもけっこう食い込《こ》み、アメリカから

●メルケル氏も……　ドイツ講演の約20日後の2018年10月29日、メルケル首相は2021年の任期満了を持って首相を退任することを発表した。

は、ついこの前まで、「北朝鮮《きたちょうせん》関連では中国がキーだ」という感じで扱われていました。これには、アメリカがやらせていた面もあります。

ところが、その後、トランプ氏は、「中国にはがっかりした」というようなコメントを出し、最近では、「関税を上乗せする」というかたちで中国に公正貿易を求めています。

トランプ氏は、さらに、日本に対しても貿易黒字のところを言っているため、「トランプ大統領は（国際的に）孤立《こりつ》しようとしているのではないか」というような日本国内の世論《せろん》もあります。

このように、国際政治のほうが不透明《ふとうめい》で流動化してきており、「この先、こうしたほうがよい」という設計図が引ける人がいなくなってきていると思います。

2　安倍《あべ》外交の危《あや》うさ、そこに迫《せま》る危機

安倍首相の「八方美人型《はっぽうびじん》」の外交は間違《まちが》うと危機に

大川隆法　安倍《あべ》首相にも、そのあたりは不徹底《ふてってい》なところがあります。

ロシアに対して寄ってみたり退《ひ》いてみたりしていますし、アメリカに対しても、関税のことになったら〝あれ〟でしょうから、「関税対関税」に関しては中国に近寄り、中国とでも仲良くしそうな雰囲気《ふんいき》を見せたりもしています。ＥＵにも秋波《しゅうは》を送っていますが、イギリスがＥＵから独立したら、イギリスとも仲良くやりたいようです。

いちおう「八方美人型《はっぽうびじん》」ではあり、それはこの人の力でもあるとは思うのですが、計算違《ちが》いを犯《おか》した場合には、国を危《あや》うくすることになりかねません。

忘れるな、「北朝鮮《きたちょうせん》問題」は継続《けいぞく》中

大川隆法　特に今、沖縄《おきなわ》の選挙では、米軍基地反対派のほうが知事選でも市長選でも有利になっているようです。国のほうは辺野古《へのこ》の埋め立て等を強行しようとしていますが、（沖縄は）けっこう危ないところを行っています。

中国が「今そこにある次の危機」なのですが、沖縄県民には、それが十分には見えていませんし、「中国に支配されてもよい」と思っているかもしれません。

去年（二〇一七年）は、北朝鮮《きたちょうせん》からミサイルが飛び、サイレンが鳴って、避難《ひなん》訓練等をやったりしていたのですが、今年は、六月に米朝首脳会談もあり、北朝鮮のミサイルは飛ばなくなっています。そのため、ホッとして、もう忘れかかっているのだと思いますが、「北朝鮮問題」もまだ終わっているわけではないのです。

さらに、その次には「中国問題」が来ます。これが来るのは決まっているので、「どちらを取っていくか」ということが選択《せんたく》の問題として残ると思います。これは国家戦略、国際政治のなかでの戦略の問題です。

日本の立場や、地球儀《ちきゅうぎ》的に見た政治・外交のあり方を探《さぐ》る

大川隆法　（前回の守護霊霊言《しゅごれいれいげん》から）一年ぐらい間《あいだ》が空《あ》いたので、「今、プーチン氏はどう思っているのか」ということを守護霊に訊《き》いてみたいと思います。

プーチン氏は非常に親日派の方で、過去世《かこぜ》をリーディングすると、三人ぐらい日本人が出てくるほどの方です（注。以前の霊言で、プーチン大統領守護霊は過去世において、奈良《なら》の大仏を建立《こんりゅう》した聖武《しょうむ》天皇、室町《むろまち》幕府第八代将軍・足利義政《あしかがよしまさ》、江戸《えど》幕府第八代将軍・徳川吉宗《とくがわよしむね》として転生《てんしょう》していたと語っている）。

二〇二四年まで大統領任期があり、あと五年以上できるので、大きな交渉《こうしょう》ができるチャンスはまだあります。安倍首相も、三期目に入り、まだしばらくは行けるので、大きな話し合いができる余地はあると思います。

必ずしも日本の立場に立った考えではないかもしれませんが、ロシアは少なく

ともあと五年以上、プーチン氏の考え方で行くので、「これを鏡にして映したとき、日本やアメリカ、中国、ヨーロッパその他は、どう見えるのか」ということを知り、「そのなかで、幸福実現党は、どのような意見を発信すべきなのか」ということを考えたいと思います。

このあたりについて、参考になるものを引き出せれば幸いかと思います。

プーチン氏としては、「俺《おれ》はちゃんと日露《にちろ》平和条約のことを（霊言で）言っていたのに、なぜ、『突然《とつぜん》だ』というようなことを言うんだ。二年待ったから、もう準備はできているだろうが」という感じだったのかもしれません。

このへんについて訊いてみようと思います。

今日は、外国でいろいろと論を張っておられる幸福実現党外務局長の及川さんも（質問者として）来ていますし、忙《いそが》しくてなかなかつかまらない、釈量子党首にも来ていただきました。中国問題にも入ってよいと思いますが、ロシアの見方を訊いてみたいと考えています。

（綾織を見て）いいですか。

綾織　よろしくお願いします。

大川隆法　（合掌《がっしょう》・瞑目《めいもく》をして）では、ロシア大統領ウラジーミル・プーチンさんの守護霊をお呼びいたします。

現在の日本の置かれている外交的立場や国際政治的立場、あるいは、地球儀《ちきゅうぎ》的に見た場合の、これからの政治・外交のあり方等に関し、参考になるご意見を頂ければ幸いです。

プーチン大統領の守護霊よ。

プーチン大統領の守護霊よ。

ご指導のほど、よろしくお願い申し上げます。

（約五秒間の沈黙《ちんもく》）

3　中朝問題を解決するには「日露《にちろ》平和条約」を

北朝鮮《きたちょうせん》の核《かく》ミサイル問題は「日露平和条約」で解決する

プーチン守護霊　うん。

綾織　こんにちは。

プーチン守護霊　うん。うん。

綾織　本日は、貴重な機会を頂きまして、まことにありがとうございます。

プーチン守護霊　ちょっと遅《おそ》かったな。もうちょっと早く（霊言《れいげん》を）やってほしかったな。

綾織　はい。

プーチン守護霊　じゃない？

綾織　そうですね。

プーチン守護霊　つつかなきゃ。ね？「ウイグル（問題）」だけやっちゃ駄目《だめ》だよ。次、こっちをやらなきゃ。なあ？

綾織　なるほど。確かに、この半年間を取っても、ものすごく、いろいろな変化がありました。

プーチン守護霊　そうです。

綾織　米朝会談があり、先般《せんぱん》は、アメリカの中間選挙があって、トランプ大統領の足元にもやや変化が出てきています。いろいろなことが起こっているなかで、ぜひ、プーチン大統領の守護霊様におかれましては、俯瞰《ふかん》した観点から、「世界をどう見て、何を筋《すじ》として考えていけばよいのか」というところを、本日はお伺《うかが》いしたいと思っています。

プーチン守護霊　うん。まあ、そのつもりで来たけどね。

綾織　はい。ありがとうございます。

プーチン守護霊　だけど、最初に、ちょっと一言《ひとこと》ね。最後まで読んでくれないっていうか、聞いてくれない人もいるかもしれないから、早めに、言うべきことをちょっとだけ言っておくけどな。

（私が）「日露《にちろ》平和条約」を提案して、安倍《あべ》さんがキョトンとして返事ができなくて、外務省も考えてなくて、「北方領土の返還《へんかん》が先」と、六十年ぐらいか七十年か知らんが、「（日本側は）言い続けておるので」みたいなことを、相変わらず、十年じゃないわ、〝七十年一日《いちじつ》の如《ごと》し〟でやっとるけど、私のほうから言わしてもらうよ。

北朝鮮《きたちょうせん》の核《かく》ミサイル問題は、「日露平和条約」を結んだら、それで終わるんだよ。（そんな問題は）ないわ、撃《う》てないから。北朝鮮がロシアに向けてね、核ミサイルを一本でも撃てると思うか？

綾織　それは、ありえないですね。

プーチン守護霊　ありえないよ。（反撃《はんげき》されて）国ごとなくなるんだから、あっという間に。

アメリカは遠いよ、いちおう、（北朝鮮から見れば）地球の裏側だからな。あそこが大陸間弾道弾《だんどうだん》を撃つっていうのは、よっぽど大義が立たなきゃいけないからさあ。明らかに侵略《しんりゃく》的に見えるもんな。だから、大義が立たないといかんけど、ロシアに向けてさ、北朝鮮がミサイルを一発でも撃ったら、ただで済むと思うか？　思わないだろう？

だからね、（北朝鮮は）怖《こわ》いんだよ。それに関しては、中国よりロシアのほうが怖いんだよ、はっきり言えば。要するに、中国はね、ロシアほどの核戦力を持ってないわけよ。

だから、今からちょっと、トランプさんの次（の政権）に、（中国との）トラブルが出てくるけどさ。次に出てくるけど、はっきり言やあ、（ロシアは）アメリカより核の数が多いわけよ。

綾織　そうですね。

プーチン守護霊　「これを、どう、どこに処理しようかな」って、今、考えてるところだからさ、ほんと言ったら。減らしてもいいんだけど、もったいないじゃない、せっかくつくったから。

だから、「北朝鮮の核施設《しせつ》を潰《つぶ》すために使う」とかいう方法だってあるわけだからさ。ね？　平和条約には、そういう付帯条項《じょうこう》が付いていてもいいわけだからね。

綾織　なるほど。

プーチン守護霊　うん。万一《まんいつ》、北がね、北朝鮮が日本を脅《おど》すようなことがあれば、ロシアは、もう身を削《けず》って、いや、「核兵器を削って日本を護《まも》る」というようなことを考えたっていいわけだからさ。余っとるんだから、現実に。千発ぐらい撃ち込《こ》んでも、別に構わない。

綾織　なるほど。それだと国がなくなってしまいますけれども。

プーチン守護霊　別に構わないですよ。どうってことない。そんな二千万人ぐらいの国、どうでもいいですよ。日本とね、友好関係を結べるんだったら、別に構わないですよ。

綾織　いやあ、すごい決意を頂きました。

核《かく》を持つ「統一朝鮮《ちょうせん》」と「中国」の怖《こわ》さをよく考えよ

プーチン守護霊　安倍さんがまだ考えていないもう一つのことはね、韓国《かんこく》の大統領、こいつは〝タヌキ〟だから、やっぱり用心しなきゃ。

綾織　文在寅《ムンジェイン》大統領ですね。

プーチン守護霊　うん。〝タヌキ〟だから。平和的に言って、友好ムードをつくって、貿易をやって、（南北朝鮮《ちょうせん》を）平和的に統一して、ノーベル平和賞ぐらい狙《ねら》ってるのかもしらんけども。「平和的統一をして」と思ってるだろうけど、八千万人の統一朝鮮をつくって、それでね、トランプさんの任期が終わるまでに（朝鮮半島の）核《かく》兵器が全廃《ぜんぱい》されていなかった場合、統一朝鮮は核兵器を本当に要《い》らないと思うか？

それは欲《ほ》しいよな。だから、一部削減《さくげん》しつつ、トランプの任期が終われればね、まだ維持《いじ》することは可能だから。そうしたら、八千万の統一朝鮮が、日本に向けて、釜山《プサン》から（核ミサイルを）撃てる状態が発生するんだ。

綾織　なるほど。

プーチン守護霊　そうした今以上の脅威《きょうい》が、この先、ないわけでもないんだよ。
　このときは、もちろん、日米同盟も効くかもしれないけど、アメリカはね、韓国とだって、今そういう（同盟）関係にあるわけだから。韓国全体、統一朝鮮がそういう核兵器を持てる状態になったらね、アメリカはいったいどっちを護るんかね？　やっぱり、怖《こわ》いんじゃないか。それも考えなきゃ。

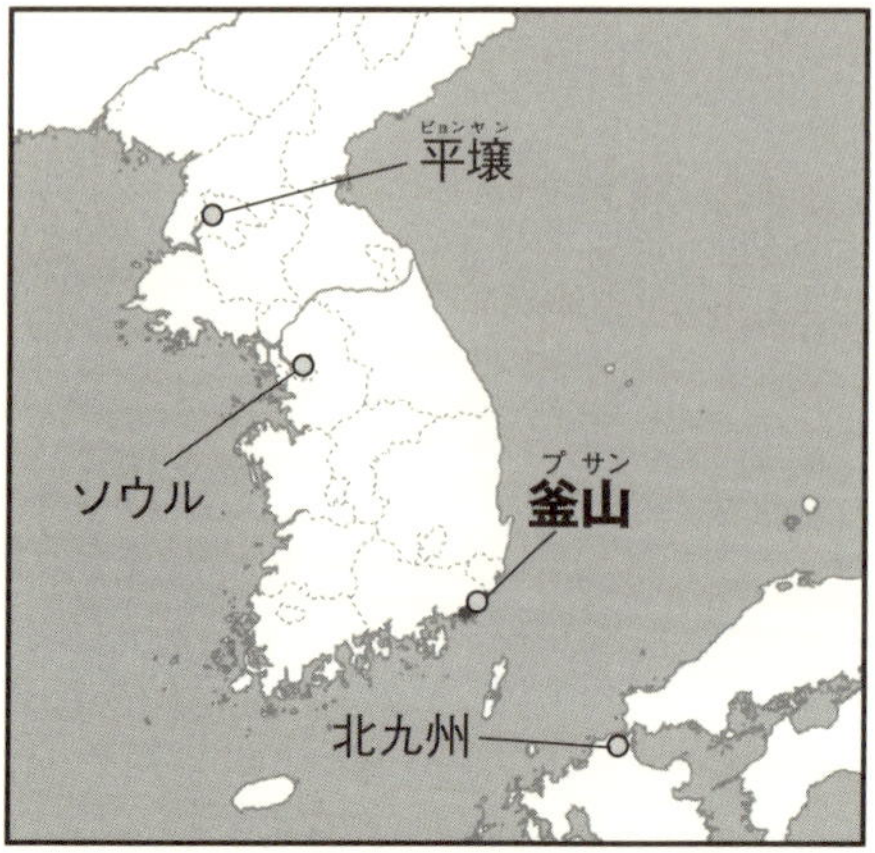

釜山は韓国南東端に位置する港湾都市で、北九州市までの距離は約200km。

もちろん、次は中国の問題があるけどね。

綾織　はい。もう最初から、トントントンと来ましたけれども（笑）。

プーチン守護霊　いや、それは早く言わないと、聞いてくれないのと、読んでくれないのと両方あるから。

綾織　いえ、いえ、いえ。この短い時間でも……。

プーチン守護霊　（首を振《ふ》っている釈を指差して）あんた、首を横に振ってくれて、それは「ノー」っていう意味じゃなくて？

釈　もう、最初から〝背負い投げ〟をされたような鮮《あざ》やかさで、感服《かんぷく》いたしました。

プーチン守護霊　いやあ、それはね、私も独身、あなたも独身だから、勝負を早くしなきゃいけない（会場笑）。

釈　いやあ（笑）。

綾織　（笑）その〝技《わざ》〟もあるわけですか。

プーチン守護霊　そういう技もないわけではない、いざというときにはね（会場笑）。

釈　すごい（笑）。

チェチェン、ウクライナを見よ、ロシアはやるときはやる

プーチン守護霊　まあ、ないわけじゃないけども、もう私は「最後の仕事」だと思ってるから、やっぱり、何か「大きな仕事」をして大統領を終えたいので。

綾織　ええ。確かに、北朝鮮の問題というのは、アメリカが出てこなくても、日本とロシアが組むだけで、この二カ国でもう、あっという間に解決できるということですよね。

プーチン守護霊　（北朝鮮は）何にもできないよ。だって、うちはね、チェチェンだろうが、ウクライナだろうが、やるときはやりますから。

綾織　そうですね。

プーチン守護霊　やるでしょう?

綾織　はい。

プーチン守護霊　だから、やるのは分かってるし、(北朝鮮は)ほとんど地続きですからね。あんなの押《お》さえるのは簡単ですから。だから、中国も手を出せないですよ、うちが本当に動いたら。

綾織　なるほど。

及川　大統領。

日露《にちろ》平和条約締結《ていけつ》に伴《ともな》う「ロシア側のメリット」とは

プーチン守護霊　うん。

及川　今、「日露《にちろ》平和条約」をおっしゃってくださったのは、どちらかというと、日本のメリット、本当に、日本のためにいろいろとおっしゃってくださったのですが……。

プーチン守護霊　そう。うん、うん。

及川　日本のメリットのためだけに言われているとは、とても思えないので。

プーチン守護霊　いや、そのためだけに言ってるかもしれない。

及川　いやあ、必ず、ロシアのメリットがあるはずだと思うんです。

プーチン守護霊　うん。まあ、それはないわけではない。

及川　それは、おそらく、経済だけではないのではないかと思うんですが。

プーチン守護霊　うん、うん。いや、経済もある。

及川　では、そのあたりについては、いかがでしょうか。

プーチン守護霊　いや、日本にとっては悲観的な読みだけど、「二〇五〇年になったらどうなるか」ということで言うと、日本はね、（ＧＤＰで）中国にも抜《ぬ》かれたけどさ、次は、「ロシアにも抜かれ、メキシコにも抜かれ、インドネシアにも抜かれ」っていう予想もあるわけですから。そういう日本を、まだ日本人の大部分は予想できてないだろう。なあ?

だから、そういう事態になったときの日本の「政治外交的な力」や「プライド」っていうのは、いったいどこに行くのかという問題はあるよな。これを解決する方法は、ないわけではないわけで。

やっぱり、米国一国だけに頼《たよ》ってると、ああいう貿易戦争(米中貿易戦争)の場合は、中国だけ攻《せ》めるわけにはいかんから、日本にも言ってくるわな。まあ、同盟関係があるから、それはやれない部分もあるとは思うが、いちおうは言うわな。「アメリカ・ファースト」を言うならな。

いちおう、それについては、私は、ある程度、理解はできてるから。ロシアだって、「ロシア・ファースト」で、ある程度、復興しなきゃいけないので。いったんは目茶苦茶《めちゃくちゃ》になった国だからね。いったん崩壊《ほうかい》した国を立て直してるから。二〇〇〇年以降は、私が経済の立て直しをやっているので。

経済は、わりに、(元)KGB(ソ連国家保安委員会)にしちゃあ才能があるんだよ、私ね。昔、(過去世《かこぜ》で)やったことがあるからなんだけども。

だから、これはね、別に、日米関係に楔《くさび》を打ち込むつもりで言ってるわけじゃないんだけども、ここ(日露平和条約)を結んで、もっと(関係を)深くしておいたほうがいいと思う。

4 「安倍《あべ》外交の危険性」をカバーする方法

中国は揺《ゆ》さぶってくるが、いずれ仲は悪くなる

プーチン守護霊　中国は、いずれ、もう近々問題になる。君たちが、これまた、〝火を点《つ》けてる〟んでね。「日露《にちろ》平和条約」も言ってるけど、「ウイグル（問題）」もやってるから。（日本と）中国との仲が悪くなる方向に、君たちが〝情報誘導《ゆうどう》〟してるからさ。いずれ、悪くなるよ、そのうちな。そのとき、貿易的には、中国との関係で問題が起きてくるからさあ。

（日本は）もう、だいぶ潤《うるお》ってるんでしょう？　とりあえずね。だから、これから（貿易額が）減るかもしれない。ここを、向こうは揺《ゆ》さぶる材料に、当然、使ってくるわな。

だから、（中国は）アメリカが貿易の関税で攻《せ》めてきたら、アメリカのほうとは冷え込《こ》んでくるけど、「日本のほうには、お金を落としてもいいんだよ」という誘《ゆう》惑《わく》は絶対にしてくるからさ。

そこで、（日本が）中国を敵視するんだったら、それは普《ふ》通《つう》、しなくなるな。「ほかの国だってあるからね。アジア、アフリカ、ヨーロッパ、ほかにもあるから」と、こう来るから。

だから、ここは、（中国の問題点を）言う以上、次を考えておく必要はあるね。

安倍《あべ》首相の政策は〝釣《つ》り堀《ぼり》で金魚を釣っている〟ようなもの

綾織　日露平和条約のところに戻《もど》るのですが、「年内」という区切りは、どういうご意図だったのでしょうか。

プーチン守護霊　（日露平和条約の重要性を述べた）君たちの本は、二〇一六年に、もう二冊出てるんだよ。「二〇一八年末」といったら、もう考えとしては十分だろう。

綾織　まあ、そうですね。

プーチン守護霊　（君たちの本は）外務省も読んでるでしょう？　防衛省も読んでるでしょう？

綾織　はい。そうですね。

プーチン守護霊　もう十分で。
安倍《あべ》さんが考えてるのはね、「消費税を十パーセントに上げたときに、また支持率が下がって、参院選とかで負けたら困るから、ちょっと中小企業《きぎょう》に還元《かんげん》する。戻

●二冊出てる……　『プーチン 日本の政治を叱る』『ロシアの本音　プーチン大統領守護霊 vs. 大川裕太』（前掲）参照。

す」みたいな、小手先《こてさき》のことを、またクチャクチャやって、そんな記事ばっかり載《の》せて、やってるんだろ？　知ってるよ、ちゃんと。知ってるけどさあ、小さい、小さい。小さいな。

綾織　なるほど。

プーチン守護霊　もう小さいわ。いやあ、何か釣《つ》り堀《ぼり》でねえ、鯉《こい》を釣ってるならまだいいけど、〝金魚を釣ってる〟ような人だよなあ。器用なんだとは思うけどさ、日本を十年以上引っ張っていこうとするんなら、やっぱり、もうちょっと大きなことを、柱は柱にしてね。
おそらく、公明党やそんなもののご機嫌《きげん》取りも入ってるんだろうけどさ。情けないな。幸福実現党のほうが、よっぽど骨が太いわ。

「目先のこと」は分かるが「大きなこと」は見えない安倍《あべ》首相

綾織　この今のタイミングで、「年内の平和条約締結《ていけつ》」という提案がありながらも、それに対する日本側のレスポンス（対応）はなく、一方で、安倍《あべ》首相は北京《ペキン》に行って、「これから、経済交流を活発化していこう」という合意をしました。

プーチン守護霊　いや、あれは、「対アメリカ」のでしょう?

綾織　はい。

プーチン守護霊　「日中の両方で、アメリカの経済攻勢《こうせい》に対してブロックしよう」っていうことでしょう? これ、でも、作戦的には、全然、筋《すじ》が通ってないから。

綾織　そうですね。

プーチン守護霊　危ないよ。よくない。

綾織　ある意味で、トランプさんがやっていることの逆をやっているので、非常に危険ですよね。

プーチン守護霊　うーん……。だから、これは言葉を選ばなきゃいけないけども、安倍さんのおつむが、そんなに先には行ってないことを意味してるわね。目先のことはよく分かるんだけど。

綾織　なるほど。目先のことしか見えないから、そういう行動になるわけですね。

プーチン守護霊　うん、そう、そう。それは分かる。目先のねえ、「餌《えさ》をやったら池の鯉が喜ぶ」というようなことは、よく分かる。だけど、大きなことは見えない。

綾織　なるほど。

原発やリニア等の長期戦略で「幸福実現党が国政を担《にな》っている」

釈　やはり、日本も、いよいよ、「二〇二五年」「二〇五〇年」といった、長期的なビジョンでの戦略を考えないといけない時期に来ているということですね。

プーチン守護霊　そう。そして、君たちの考え方は、例えば、「核《かく》や原発なんかも推進しておかないと、国防上もエネルギー危機上も危険がある」っていう考えだろう？　それから、「リニアなんかも推進」っていうんでしょう？

これなんか、左翼《さよく》から見れば、「もう完全に、軍事産業と結託《けったく》した右翼化の思想だ」というように見える。だから、左翼平和主義を唱える、沖縄《おきなわ》（米軍基地）反対から始まって、全部そちらにつながってる人たちは、君たちの政策とは反対のほうを取ってくるだろうと思うんだよ。でも、国を強くしたかったら、君たちの考え方を取るしかないんだ。

だから、私が見ている幸福実現党っていうのはね、決して〝弱小政党〟じゃないんだよ。むしろ、安倍さんが、本来は、自分でそういう政党をつくってやらなきゃいけないようなことを言っている政党で、それがスポークスマンになって、「自民党の左派のほうを揺さぶって、安倍さんの本心に近いほうの政策に戻す役割」を、ずっとしているから。

実際上、国政は担《にな》っていると思うよ、一端《いったん》はね。少なくとも、基本路線は、そんなに大きくは変えないようにね。

「大川隆法の次女がモスクワ大学に留学」の理由

プーチン守護霊　それから、私たちは、情報分析《ぶんせき》が得意だから、いろいろと調べてはいて、「安倍政権が、なぜ長期化したか」という分析もしてはいるけども、一つは、やっぱり「アベノミクス」だよね。

だけど、「このアベノミクスのもとは、九割は幸福実現党の政策だ」ということは、我々の調べでは、もう明らかになってる。

綾織　スタートの時点では、間違《まちが》いなくそうでした。

プーチン守護霊　間違いない。だから、（安倍政権が）変えたのは「消費税上げ」のところで、意見が割れたところだろうと思うんだが、結果、やっぱり、成長が目標どおり行かないかたちになって、「来年（二〇一九年）は、消費税上げをしながら景気を刺激《しげき》しなきゃいけない」なんて、こんなことを言ってるわけでしょう？　だから、これは不徹底《ふてってい》で、ポピュリズム（大衆迎合《げいごう》主義）でやっとるだけだから、そうなんだろうけどね。

綾織　なるほど。

プーチン守護霊　まあ、このへんで失敗して、本来はもっと大きくなっている日本経済を、大きくしない効果はあったわな。

釈　ずいぶん、幸福実現党に対してご理解をいただいて、感謝に堪《た》えないのですけれども。

プーチン守護霊　ドイツのさあ、右翼政党とか、いっぱい出てきてるじゃない？

ねえ?

釈　大川隆法総裁先生がドイツにご巡錫《じゅんしゃく》に行かれたのですが、そういう情報なども……。

プーチン守護霊　うん、もう入ってるよ。

釈　ああ、当然?

プーチン守護霊　もう、即《そく》入ってる。

釈　ああ……。ということですよね。

プーチン守護霊　もう、すぐ入ってる。われらKGB出身の者にとっては、それが入らんわけがないでしょう。「なぜ行ったか」の原因から理由まで調べてるよ。

釈　なるほど。

プーチン守護霊　だから、ドイツの講演の内容も、もう情報は入ってきているし、それから、娘《むすめ》さんの大川愛理沙《ありさ》さんが、HSU（ハッピー・サイエンス・ユニバーシティ）という〝おたくの大学〟にいながら、この（二〇一八年）八月から九月に、モスクワ大学にロシア語の語学留学、短期留学に来たことまでつかんでるから、ちゃんと。

綾織　そうなんですか。

●HSU（ハッピー・サイエンス・ユニバーシティ）　2015年4月に開学した「日本発の本格私学」。「幸福の探究と新文明の創造」を建学の精神とし、「人間幸福学部」「経営成功学部」「未来産業学部」「未来創造学部」の4学部からなる。千葉県長生村《ちょうせいむら》と東京都江東区にキャンパスがある。

釈　それも、当然？

プーチン守護霊　ええ。

釈　そうなんですね。

プーチン守護霊　それはつかんでるから。娘をモスクワ大学に、ロシア語の短期語学留学で出すっていうことは、「大川隆法の本心」が見えるじゃないですか、それを見たら。

綾織　なるほど。

プーチン守護霊　「戦略家だなあ」と思ってしまう。分かってる。

「プーチンが独身のままだったら、娘でも、ひとつ押《お》し込もうか」と思ってるんじゃないかと、ちょっと勘《かん》ぐってしまうところはあるわね。まあ、半分は冗談《じょうだん》だけどね。年が年だから、そうは言わないけども（笑）。

5　流動化時代の「トランプとの組み方」

なぜ、ロシア疑惑《ぎわく》は炎上《えんじょう》するのか

綾織　少し、アメリカについてお訊《き》きしたいのですが、アメリカでは、最近、中間選挙がありまして、下院のほうで、残念ながら、与党《よとう》である共和党は過半数を取れませんでした。そういうわけで、勢力図的には、「やや、トランプさん不利」という部分が出てきました。

そして、そのなかで、「ロシア疑惑《ぎわく》」といわれているものが、もう延々二年間、ずっと調査されています。

プーチン守護霊　延々とやってるね。

綾織　結局、何も出ないのですが、これからまた、さらに議会で追及《ついきゅう》するという流れがあります。このロシア疑惑について、プーチン大統領の守護霊様から、何かおっしゃりたいことはありますか。

プーチン守護霊　アメリカは移民の国家だし、いろいろな民族が入ってるから、ロビイストもいっぱいいるし、利権を持ってる者もいっぱいいるよ。

それを言うんだったら、ユダヤ人だってさあ、人数は少ないけど、ものすごい力を持ってるでしょう。メディアは持ってるし、金融《きんゆう》系も持ってるしね。だから、エルサレムを首都にするとかさあ、民主主義的に見りゃあ、人数のわりには、ユダヤ系なんて、ものすごい力を持ってるじゃない。そういうのもあるしね。

それから、中国のロビイストや、深く考えて、アメリカのソフトを奪《うば》おうとして留学して、あるいは、企業《きぎょう》に一時期、研究者で身を置いてから持って帰る、こういう国産のスパイの留学生、研究者がいっぱいいるからさ、盗《と》られまくってる状態だからな。

綾織　そうですね。

プーチン守護霊　それだけど、そういうものをほどほどにして、やってるわけで。まあ、ロシアをターゲティングにしたのは、たまたま、感情に訴《うった》えやすいから言ってるんじゃないか。アメリカ国民に、「（トランプ大統領は）ロシアと仲良くなって、メキシコとかカナダとか、そんなところと疎遠《そえん》になろうとしているぞ」みたいな感じで、感情に訴えようとしてるんじゃないかな。

綾織　これは、ＦＢＩ（アメリカ連邦捜査局《れんぽうそうさ》）やＣＩＡ（アメリカ中央情報局）もそうなのですけれども、対ソ連の冷戦時代の思考から、なかなか抜《ぬ》け出せないようですね。

プーチン守護霊　そう、そう、そう。

「対中国・北朝鮮《きたちょうせん》」のために、ロシアと組みたいトランプ大統領

綾織　本当は、アメリカもロシアと組まないとやっていけないところがあるんですけれども、〝慣性の法則〟で、そのままずっと動いているところがあります。

プーチン守護霊　だから、次はね、せっかくオバマさんと核《かく》兵器削減《さくげん》の話もして決めたのに、また（トランプ大統領が）「反故《ほご》にする」と言い始めた。まあ、これはロシアだけが目的じゃないとは思うんだけど。

綾織　そうですね。

プーチン守護霊　中国、北朝鮮《きたちょうせん》への脅《おど》しも入っているとは思うんだけどね。

だから、アメリカがオバマさん的にずっと行ったら、もう、北朝鮮との交渉《こうしょう》なんか、もっと難化していたと思うし、中国だって、なめてかかってくるのは、もう時間の問題だから。経済的にアメリカを追い越《こ》したら、次は「核大国」を目指すのは確実ですから。だから、「核削減」やってたら、だんだんに逆転されてくる。経済的にも軍事的にも逆転されてくる。そうなったら、（アメリカは）もう言うことをきかざるをえなくなるからね。

そのためには、どうするかって言やあ、やっぱり、本当はロシアとの関係改善をしておいたほうがいいし、日本のほうにも、もうちょっと力を持ってもらったほうがいいわけで。そういう戦略判断が、本当はできなきゃいかんね。

ヘルシンキでの米露《べいろ》首脳会談、「サシの二時間」の内容は

綾織　米露《べいろ》の関係について言うと、トランプ大統領は、「米露で組むんだ」ということで、動き出していると思うんです。

今年の七月にヘルシンキ（フィンランド）で行われた米露首脳会談の冒頭《ぼうとう》で、トランプ大統領とプーチン大統領とがサシで二時間の会談をされていますし、中身はほとんど明らかになってはいませんが、そのあとに漏《も》れ伝わってくるところによると、キッシンジャー博士が、「これは本当に早くやらなければいけなかった会談だ。本当によかった」というようなことをおっしゃっていました。

そういうところから、「お二人で、対中国で何か戦略を練ったのではないか」といった観測も出ているのですが、実際にはいかがでしょうか。

プーチン守護霊　まあ、まだ「対中国」までは十分、進んではないんだけどもね。

綾織　ああ、そうですか。

プーチン守護霊　トランプさんとしては、北朝鮮を〝仕留《しと》めなきゃいけない〟けど、ズルズルとウナギのように逃《に》げる可能性があるので。中国が態度を変えれば、逃げることがあるからね。

「少なくとも自分の任期中、第一期、四年の間に、北朝鮮問題はクリアにしたい」というのが彼の考えだから、ロシアのほうが、「彼らの延命に援助《えんじょ》しない」というのを、はっきり旗幟《きし》鮮明にすればね。

そらあ、北朝鮮は、「ロシア」か「中国」、あるいは、その両方に保険をかける以外、生き残る道はもうないから、今のところ。

もしくは、平和裡《り》に統合したように見せて、〝韓国《かんこく》をどっちが取るか〟っていう。韓国と北朝鮮が一体になったときに、経済、「金」を取るか、「核」を取るかという、まあ、そのへんのもつれ込《こ》みぐらいしかない。

この三策ぐらいしか基本的にないから、これはすごい戦略・戦術は要《い》るだろうけどね。

綾織　なるほど。では、米露首脳会談では、主に「北朝鮮問題」について話をされたのですね。

プーチン守護霊　まあ、今のところね、トランプさんは、中国については「△《さんかく》」ぐらいに見てるから。アメリカが揺《ゆ》さぶって、それで言うことをきくようなら、まだ関係については考える余地はあるが、きかないというんであれば、「アメリカの怖《こわ》さを教えるのは今で、もうちょっと先になったら、きかなくなる」と見ているからね。

トランプ氏が描《えが》く「地球規模の外交方針」の中身

及川　ヘルシンキ会談が終わったあとの、お二人の共同記者会見のなかでは、主にシリアについて言われていたと思います。

プーチン守護霊　ああ、それもありましたね。

及川　ただ、やはり、お二人だけの密談では、ほかにもいろいろあったと思うのですが、例えば、「ウクライナ問題」については話し合ったのでしょうか。

プーチン守護霊　あのね、トランプさんは、珍《めずら》しく、「なぜ、ロシアがウクライナ防衛のために戦争を仕掛《しか》けたか」が理解できる人なんだよ。アメリカのメディアは理解できないのよ。ヨーロッパも理解できない。

及川　そうですね。

プーチン守護霊　トランプさんは理解できるのよ。自分も絶対、やってるから。自分がロシアで大統領なら、同じことを絶対、やってるんだよ、彼は。だから、理解できるのよ。彼は分かるのよ。だけど、マスコミは理解できないんだよ。

及川　でも、そういったことについては、トランプ大統領もまだ表立って言っていませんね。

プーチン守護霊　そらあ、言えるわけないじゃない。でも、理解できるわけよ、自分だってやるから。それはやるだろうね。

及川　オバマ大統領のときから行われている、ウクライナ問題でのロシアに対する経済制裁は、いちおうまだ続いていますよね。

プーチン守護霊　うん、いちおうね。

及川　やはり、トランプ大統領は、どこかでこれを解除する気なのでしょうか。

プーチン守護霊　ＥＵとの関係で動いてるからね。アメリカは、ＥＵにも喧嘩《けんか》を売ってるような状態にも見えるからねえ。「イギリスの独立」に、「フランスの独立」までそそのかしているわけで。

実は、〝別なもの〟をつくろうとしてるんだろう？　彼の考え方は分かるのよ。世界の経済の実力を順番に並べてみて、上のほうだけで組もうとしているのさ、現実は。

綾織　ほお。

プーチン守護霊　だから、下のほうのがたくさんついてるような、ＥＵ型の、ああいう連合は意味がないと、だいたい見てる。「メキシコなんかと組んだって、今のところ取られてばっかりだ」と思ってるわけなんで。ちょっと、そのへんの考え方、思考が違《ちが》うんだな。

民主主義の弱点――行政効率の悪さ

プーチン守護霊　中国問題について、トランプさんはどこまで踏《ふ》み込めるか分かんないけど、任期の問題がどうしてもあるから。

うーん、中間選挙の結果も言っていたが、「次の（米大統領選の）ときに民主党に取り返されるかどうか」がかかっているから、前期、一期で、ある程度、成果をあげなきゃいけないんで。

アメリカでは、選挙がものすごく〝重い〟んでねえ。

綾織　うーん。

プーチン守護霊　重くって、何か、スキャンダルものでたくさん突《つ》き上げて、マスコミが攻撃《こうげき》してくるでしょう？　ロシアだったら簡単なんだがなあ、あんなのを潰《つぶ》すのは。

綾織　そうですね（苦笑）。

プーチン守護霊　ほんと簡単なんだけど。「帰り、家に着けなくなるよ？」って言ったら、それで終わる。「家にまっすぐ帰れなくなってもいいのかなあ？」とか。

綾織　ジャーナリストが何人かやられていますからね。

プーチン守護霊　あるいは、「おたくの娘《むすめ》さんは、どこそこの学校に通ってるよね？　学校の終わりの時間は三時だったね」とか、一言《ひとこと》、どっかから話があればね、廊下《ろうか》で立ち話とかがあれば、もう言わなくなるから、みんな。それが意味していることがよく分かるから、何にも要らない。

釈　そういう〝体質〟に関しては、変えるつもりはないということですか（苦笑）。

プーチン守護霊　いや、そういうわけじゃないけど。私は、〝行政効率〟の話をしているだけで、〝闇《やみ》のボス〟であるということを言っているわけじゃない。

綾織　なるほど。

プーチン守護霊　行政効率が、ちょっとね。民主主義もいいんだけど、行政効率がちょっと悪すぎる点はあるっていうことは言えるね。

6　中国包囲網《ほういもう》の築き方

十月四日のペンス副大統領の歴史的演説をどう見る?

綾織　米中についてですが、この一、二カ月での大きな動きとしてあるのが、十月四日にあった●ペンス副大統領の演説で、対中国政策を大転換《だいてんかん》させました。

プーチン守護霊　うん。

綾織　以前からそうではあったのですが、今回は、貿易や人権弾圧《だんあつ》、宗教弾圧など、あらゆる点を指摘《してき》して、はっきりと「中国と対決していくしかないんだ」ということを明らかにしています。これについては、いかがでしょうか。

●ペンス副大統領の演説……　2018年10月4日、アメリカのマイク・ペンス副大統領は、ワシントンのハドソン研究所で、トランプ政権の「中国政策」について演説し、中国政府を激しく批判、「対中国融和の時代は終わった」とした。

プーチン守護霊　第一段階は、北朝鮮《きたちょうせん》に対するデモンストレーションだとは思うんですけど。もし、中国が、またパイプを太くして、ズルズルと（北朝鮮の）延命を図《はか》って、まだ壁《かべ》として使おうとして長引かせれば、「中国に頼って北朝鮮問題を解決できない」というのが一つあるじゃないですか。

だから、（ペンス氏は）「唇亡《くちびるほろ》びて歯寒し」の戦略だよな。（中国としては）「唇（北朝鮮）を残すことで、歯（中国）を護《まも》る」っていう、基本は、そういうことだろうから。

綾織　はい。

プーチン守護霊　そこのところもあるだろうし。

やっぱり、「アメリカ・ファースト」のあとに来るのは、アメリカが「世界の警察官」であり、「ナンバーワン」であって、「今世紀中を引っ張る」という、そういう自覚があるから。

半分はアメリカのエゴに見えるかもしれんけども、残り半分はそうではなくて、「ナンバーワン国があることで、世界の秩序《ちつじょ》を護れるんだ」っていうことだよな。

「国内法が国際法」になっていい国、悪い国

プーチン守護霊　だから、おたくの、何か……、「●メルケルさんの守護霊霊言《れいげん》」か？

綾織　はい。

プーチン守護霊　ああ。そのなかで、何か、（メルケル首相の守護霊は）「アメリカも中国も、国内法を国際法だと思っている」みたいなことを言ってるけど、まあ、

●メルケルさんの守護霊霊言……　『スピリチュアル・インタビュー　メルケル首相の理想と課題』（幸福の科学出版刊）参照。

メルケルさんは、（ＥＵに）弱小二十何カ国で集まってそんなことを言ってるから、そういうことになるんだろうけども。

「アメリカの国内法が国際法になる」のは、戦後をリードする意味ではいいことではあったかと思うが。まあ、ちょっとブレーキは要《い》るけどね。

しかし、「中国の国内法が国際法になる」っていうのは、それは、中身はちょっと怖《こわ》いんじゃないかな。私は、先ほど、「行政効率をよくする」と言ったが、中国は「行政効率がよすぎる」んだよ。〝よすぎる〟んでねえ。〝よすぎちゃう〟んで、それでは野党が存在できない（笑）。うちはいちおう、あるんだよ。ロシアには野党はあるし。

綾織　民主主義ではあります。

プーチン守護霊　「信仰《しんこう》の自由」もあるし、「発言の自由」も、いちおうあることはあるんで。あれ（中国）ほどきつくはないんで。うちのほうが、やや民主主義的ではあるんだ。

秦《しん》の始皇帝《しこうてい》レベルから変わっていない中国の頭

釈　中国に関する本音のところを、ぜひお訊《き》きしたいと思うのですが、習近平《しゅうきんぺい》氏に対しては、どういうご認識でいらっしゃるのでしょうか。

例えば、●今年の六月に大川隆法総裁が習近平氏の守護霊霊言を録《と》られたときに、「ロシアも三分割《ぶんかつ》したほうがいい」とか……。

プーチン守護霊　ハハハ（笑）。おお！

釈　あるいは、「世界九位の国まで落ちているんだ」とか、「もう強国にならない」とかいうようなことも言っていたので、習近平氏は、ロシアに対してそうした本音

●今年の六月に……　『守護霊インタビュー　習近平 世界支配へのシナリオ』（幸福の科学出版刊）参照。

を持っているようですけれども。

プーチン守護霊　うーん。そんな生意気《なまいき》なことを言ってるんだから、君たち、それは〝逆襲《ぎゃくしゅう》〟しなきゃいけないんじゃないか。

中国なんか、日本の十分の一しかないときもあったんだからさ。ここまで追いついても、言われる筋合《すじあ》いはないんで、やっぱり逆襲しなければ。日本が経済的に抜《ぬ》き返すことが、世界の平和にとってはいいことだと思うよ。

中国は〝中進国〟以上でなくていいと思うよ。あの内容で「先進国」っていうのは、やっぱり、あってはならない。頭は二千五百年前の頭からまったく変わってないから……、あ、二千年前からかな。まあ、秦《しん》の始皇帝《しこうてい》レベルから変わってないからさあ。あれで世界を引っ張られたらさあ、大変だよ。

イスラム教と中国の、この二つで世界を塗《ぬ》り潰《つぶ》されたらさあ、それこそ、今流行《はや》りの（映画の）「ヴェノム」に乗っ取られたようなもんだ、地球自体が。

●ヴェノム　マーベル・コミック「スパイダーマン」シリーズに登場する悪役「ヴェノム」を主人公とした映画（日本では2018年11月2日公開）。ジャーナリストの主人公が地球外生命体（シンビオート）に寄生されて一体化し、「ヴェノム」が生まれた。

綾織　なるほど。

プーチン守護霊　ねえ？　そんな感じになっちゃうから。こらあ、暗黒だぜ。

綾織　一般《いっぱん》的な見方としては、最近（九月十一日〜十七日）、「冷戦後最大規模の軍事演習を、ロシアと中国で行《おこな》った」ということで、「これは危険ではないか」ということになっているのですけれども。

プーチン守護霊　いやあ、やりたいわけじゃないんだけどさあ。

綾織　え？　やりたいわけではない？

プーチン守護霊　やりたいわけじゃないんだけど、国際的に、「どんなふうにも組めるんだよ」っていうことを見せなきゃいけないわけで。

釈　なるほど。

プーチン守護霊　「やってほしくなかったら、ロシアへの経済制裁とかをやめなさい」と。それから、「もとのG8《ジーエイト》のスタイルに戻《もど》しなさい」っていうところは言いたいわけで。

これに関しては、メルケルの頭が固すぎるあたりが一つの問題だし、アメリカの〝フェイクニュース〟たちの頭が悪すぎるのがもう一つの問題であって、自分たちの本当の意味での国益や、世界に対する見方が見えていないっていうところがあるわなあ。

綾織　なるほど。

釈　では、「ボストーク2018」（軍事演習）は牽制球《けんせいきゅう》で、「追い詰《つ》めるんだったら、ロシアは中国と組むことだってできるんだぞ」と。

プーチン守護霊　うん。〝平和条約〟を結んでくれれば、別に日本とだって軍事演習を共同でやりますよ。

日露《にちろ》平和条約締結《ていけつ》を急ぐ理由

及川　中国の軍事力という意味で言うと、共同演習とは〝逆〟の方向なのですが、今、中国は海軍力を非常に強化していて、北極海のシーレーンなどを狙《ねら》っているのではないかと思うのです。そうすると、ロシアにとっても脅威《きょうい》でしょうか。

プーチン守護霊　北極海のシーレーンねえ。まあ、若干《じゃっかん》、難しいかもしれませんねえ。中国は南に南に目が向いてるから、北極海はあんまり……、まあ、食糧《しょくりょう》がないからねえ、そんなにはないかもしれないね。

やるとしたら、海底油田がある、イギリスに近いところを奪《うば》いに来るぐらいしかないけど、それよりは中東のほうを取ったほうが早いことは早いだろうね。

釈　「北極海航路」というものが「●一帯一路《いったいいちろ》」構想とあわせて持ち上がっており、こちらも通すことができると、油も含《ふく》め資源の確保もしやす

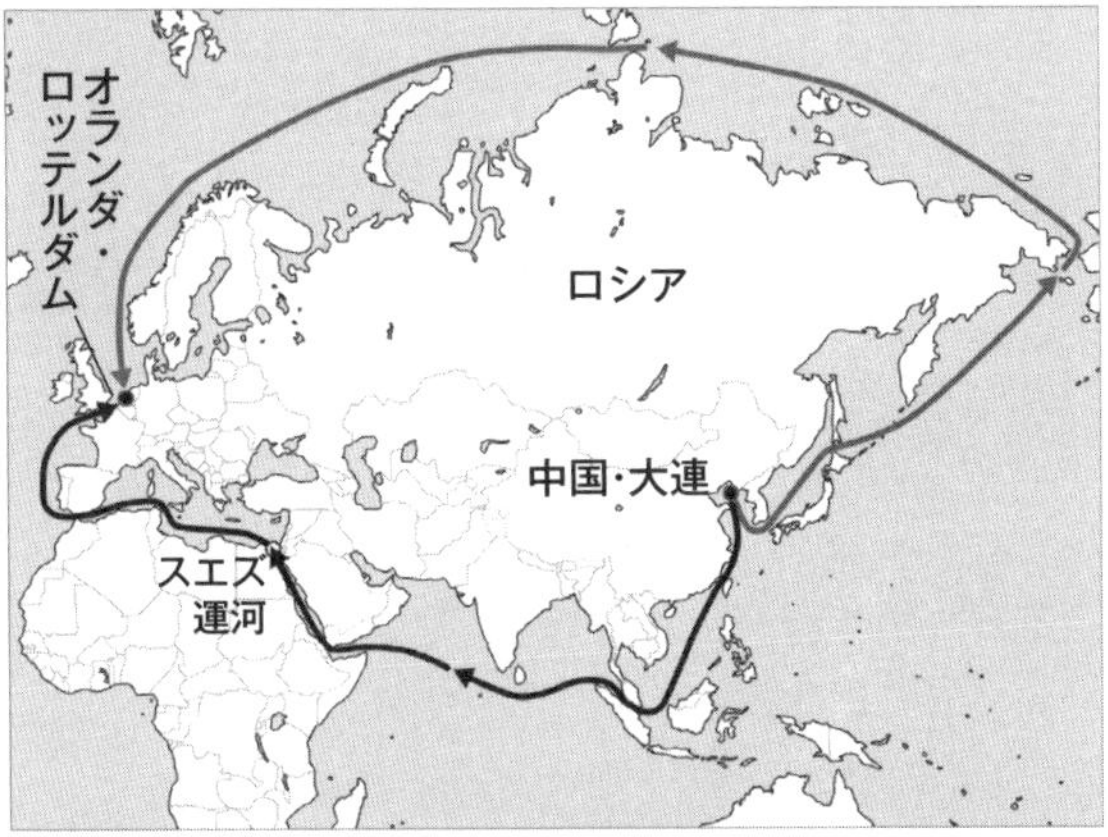

●「一帯一路」構想　中国の習近平国家主席が推進する「陸のシルクロード（一帯）」と「21 世紀海上シルクロード（一路）」の２つの経済・外交圏構想。関係国に道路や鉄道、港湾、通信網などのインフラ整備を行い、新たな経済圏の確立を目指している。（上）同構想の「21 世紀海上シルクロード」と「北極海航路」。

くなるとも言われています。

プーチン守護霊　油がロシアにもあるっていうこと？

釈　北極海にも石油やガスが眠《ねむ》っているとされていますし、「中東や欧州《おうしゅう》のほうに回るのに、中国から南シナ海やスエズ運河を通る従来ルートよりは、北極海航路のほうが時間の短縮になる」ということで、狙っているという報道もあります。

プーチン守護霊　国がたくさんあるから、途中《とちゅう》で邪魔《じゃま》される可能性があるからね。そういうことだろうね。

いやあ、大川隆法さんが、インドとか、スリランカとか、あんなところあたりへ行って、中国の一帯一路を邪魔しようとしていることを、あっちも、もうつかんではいるようだけどね。

●インドとか……　2011年3月にインドとネパール、5月にフィリピンと香港、9月にシンガポールとマレーシア、11月にスリランカに巡錫し、英語講演会を計9回開催した。『大川隆法 インド・ネパール 巡錫の軌跡』『大川隆法 フィリピン・香港 巡錫の軌跡』『大川隆法 スリランカ 巡錫の軌跡』等（いずれも幸福の科学出版刊）参照。

綾織　そうですね。政権が引っ繰《く》り返って、「親中」から「反中」になりました。

プーチン守護霊　うん。フィリピンとか、マレーシアとか、みんな、通っていったあとは親中でなくなっていくじゃないですか。

綾織　はい。

プーチン守護霊　●台湾《たいわん》もそうだけど。

だから、（中国としては）ここはまだ敵が多いから、別なルートも考えたいと思ってるけど、どっこい、ロシアはそんな甘《あま》くはないとは思うよ。

ただ、ＥＵとアメリカが〝挟《はさ》み撃《う》ち〟にしてくる感じで、日本までそれに便乗してくるような感じで、ロシアを孤立《こりつ》させるっていう作戦を取るんだったら、それは

●台湾も……　2008年11月9日、台湾《タイペイ》の幸福の科学台北支部精舎《しょうじゃ》で、「仏国土ユートピアの実現」と題する説法を行った。『朝の来ない夜はない』（幸福の科学出版刊）参照。

もうちょっと考えなきゃいけないから。

だから、今、「(日露《にちろ》平和条約締結《ていけつ》を)早くしろ」って言ってるのは、そういうことで。

綾織　なるほど。

プーチン守護霊　大統領が国家戦略を明らかにしたら、そんなにコロコロ変えられないからね。だから、「早く返事をくれ」って言ってるのは、そういうことよ。

ただ、私は霊だし守護霊だけど、日本人だから日本語も読めるのよ、ほんとはね。だから、大川隆法さんの次女さんがモスクワ大学に行って帰ったあと、大川隆法総裁に報告してるのを聞いて。まあ、実は、こちらのほうも、ちゃんと〝ウオッチ〟はついていてたんだけど。

で、次女さんは、総裁に、「ロシアへの経済制裁は効いていていない」という報告をなさってた。

今のところ、そのとおりだ。大して効いてない。まあ、なるべく効いてないように見せるように頑張《がんば》ってはいたんだが。

二時間も待って、私がクレムリンから出てくるところを見送ってくださったようではあるけど。もうちょっと早く、ねえ？　ロシア大使館が気を利《き》かせてくれれば、クレムリンで紅茶ぐらいは出してあげたんだがなあ。

綾織　そうですか。

プーチン守護霊　うーん、根回しが少し悪かった。まあ、幸福の科学の支部がもうちょっと大きくなきゃなあ。もうちょっと大きけりゃいいんだけど。

とりあえず、オウムみたいな扱《あつか》いにならないようにするように、ちょっと今、意見は、裏から手は回してはいるけどね。

綾織　ありがとうございます。

プーチン守護霊　「そういうふうには扱わないように」っていうようには言ってるけど。オウムでね、少し被害《ひがい》を受けてるし、残党《ざんとう》が残ってるんでね。〝オウムの残党〟がいるんで、区別がちょっとつきにくい。だから、ちょっと警戒心《けいかいしん》はあるんだけど。

早くロシア講演会をやってくれよ。早く来てくれよ。

7 プーチンの信仰《しんこう》、思想、信条

式典中の原爆《げんばく》映像を観《み》て、十字を切ったプーチン氏

及川　プーチン大統領になって、ロシアには、「信教の自由」が本当にすごく広がっていますよね。

プーチン守護霊　認めてるよ。認めたよ。認めた認めた。

及川　ロシア正教だけではなくて、イスラム教にしても、ほかの宗教にしてもそうです。これは、プーチン大統領ご自身が、そういう……。

プーチン守護霊　いや、信仰心《しんこうしん》あるから。私はあるし、「信教の自由」も分かるよ。だから、ウクライナが、「ロシア正教から分かれて、（ウクライナの教会を）立てたい」というのは、分からんことはないよ。

習近平《しゅうきんぺい》みたいに、宗教弾圧《だんあつ》して、「宗教を信じてるやつは、みんな頭がいかれている」みたいに思うほどまでは、私は行ってないんで。ええ。ちゃんと神様は信じているからさ。

釈　ノルマンディー上陸作戦七十周年の式典（二〇一四年六月六日）があったときに、プーチン大統領もフランスに行かれていましたけれども、そのときのパフォーマンスのなかに、広島で原爆《げんばく》が炸裂《さくれつ》した際の、きのこ雲の映像がありました。それがバッと映し出されたときに、会場で拍手《はくしゅ》が湧《わ》き起こり、オバマ大統領（当時）もガムを噛《か》みながら手を叩《たた》く一方で、プーチン大統領が思わず十字を切られる姿を、たまたま報道のカメラが押《お》さえましして……。

プーチン守護霊　ほお。どこの報道ね？

釈　確か、ＴＢＳだったかと思うんですけれども。

プーチン守護霊　日本のテレビ局が？

釈　日本の、です。その映像は、今でもネットで観《み》られるんですが……。

プーチン守護霊　ああ。いいアングルで撮《と》ってるじゃないのねえ。パシャッと。

釈　私も非常に感銘《かんめい》を受けまして、プーチン大統領の信仰心は本物でいらっしゃるし、また、人間としての感覚といいますか、唯物論《ゆいぶつろん》の国の指導者とまったく違《ちが》うお姿を見せていただいた感じがします。

情けない――韓国《かんこく》のポピュリズム

釈　ロシアの未来の構想として、やはり、これからも信仰を柱として、新しいロシアをつくっていこうと思われているんでしょうか。

プーチン守護霊　うーん。中国との経済、貿易のことで、日本が不況《ふきょう》になるんじゃないかとか、韓国《かんこく》との関係で、また、しょうもないことを言ってるよね。「七十年以上前の徴用工《ちょうようこう》の給料を払《はら》え」とか。

綾織　そうですね。

プーチン守護霊　ああいう国は、もう、〝海に沈《しず》んだほうがいい〟んじゃないか。

乞食《こじき》みたいな根性《こんじょう》だなあ。嫌《いや》だねえ。

綾織　そうですね。

プーチン守護霊　ああいう、しらみが付いてるような汚《きたな》い服を着て、すり寄ってきて、「金をよこせ」というようなのは、私はあんまり好きじゃないなあ。だから、あれ古いよな。遅《おく》れてるよな。明らかに遅れてるよ。あれが韓国的なポピュリズムなんだろ？

綾織　そうですね。はい。

プーチン守護霊　まあ、情けないっていうか……。

「私は、『信仰《しんこう》・自由・民主』で『自分で決断する』」

釈　非常に勉強になりますので、ぜひ、プーチン大統領の「政治哲学《てつがく》」について、お教えいただいてもよろしいでしょうか。

プーチン守護霊　おお！　望むところじゃないか。

釈　私ども幸福実現党は、やはり、「信仰《しんこう》」をキーワードとした新たな国際秩序《ちつじょ》、ニュー・ワールド・オーダーをつくるべきだと考えているのですけれども、プーチン大統領は、世界をどのように見ておられるのか、また、ロシアをどのように持っていこうとされているのか、その核心《かくしん》部分を、ぜひとも、ご教授いただけますでしょうか。

プーチン守護霊　君たちはさ、「自由・民主・信仰」とか言ってるじゃない。私は違うんだな。「信仰」（机を一回叩《たた》く）が先に来るんですね。「信仰」なんだ（机を二回叩く）。

「信仰・自由・民主」ぐらいかな。私としては、このくらいの順序になるね。だから、「信仰」が大事ですよ。「神の国」をつくることが、とても大事なことですよ。

トランプさんも、それについては、たぶん一緒《いっしょ》だろうと思うんだけどね。信仰心があるよね、彼もね。神の……。

及川　前の霊言《れいげん》でも、言われていましたね。

プーチン守護霊　ああ、そうか。

及川　「宗教があって初めて自由があるんだ」ということをおっしゃっていました。

プーチン守護霊　もし、出てるんだったら、「同じ人だ」という証明だよな。まあ、いろんなことを言ってきたけど、でも、日本の首相なんかと話すとき、そんな話にならないんだよな、悲しいけど。小手先《こてさき》の話ばっかりになってさ。こっちも、ちょっと頭が柔軟《じゅうなん》でないっていうか、もっと本質的なところでしゃべればいいのに。

何て言うかな、官僚《かんりょう》がつくった枠組《わくぐ》みで来るんだろうけどさ。官僚のほうの承認を取らなきゃ言えないような状態なのかなと思うけど、我々は、そのへんがちょっと違う。情報を取るための「官僚」は必要だけども、決断して行動するのは「トップ」なんでね。

それは、トランプさんもまったく一緒だと思うよ。官僚システム？　情報は取ってるけど、やることは自分でやってるでしょう？　だから、自分のツイッターが、

●「宗教があって初めて……　『ロシアの本音　プーチン大統領守護霊 vs. 大川裕太』（前掲）参照。

実は、世界一のクオリティを持つメディアなんでしょう?　彼にとっては。

綾織　そうですね。はい。

権力者の傲慢《ごうまん》を戒《いまし》めるのが神と宗教

綾織　先ほどの「神の国をつくる」ということに関して、ロシア正教というのは、ちょっと面白《おもしろ》いと言うと変ですけれども、普通《ふつう》のキリスト教とはやや違って、神人《しんじん》合一《ごういつ》的な考え方があり、「神と一体となる」という考え方がドーンと入っているという話を読んだことがあります。プーチン大統領は、これを国の柱にして、ある意味で、神に近づいていくような国をつくられようとしているのかなと思ったのですが、いかがでしょうか。

プーチン守護霊　うーん。いや、それだけを言うと、何かちょっと、習近平との違いがよく分からなくなってくるから、若干《じゃっかん》、厳しいところはあるんだけど。

いちおう、「神を認める」ということはね、いわゆる共産主義的に、「民衆をまったく平等にする」ということには、すぐにはつながるわけじゃないけども、やっぱり、「権力者の傲慢《ごうまん》を戒《いまし》める」というところはある。だから、私も権力者ではあるけど、傲慢は戒めなきゃいけない。そのために神は存在するんであって。

やっぱり、人間がトップになってはいけないっていうか、人間が選挙だけで選ばれてトップになるのは、必ずしもいいことではなくて、それはあくまでも「代理人」であって、神の心に背《そむ》いたら、その「代理人」はクビにされるべきなんですよ。

そういうふうに機能しているんなら、民主主義は機能しているけど、そうじゃなくて、「この世での多数」だとか、「お金をばら撒《ま》いた量」だとか、あるいは、「フェイクニュースを束《たば》ねた力」だとかさ、そんなものだけでなるんだったら、ちょっと、それは違っているわな。〝正反対のもの〟だってできるわけだからさ。その正反対のものが多数をつくらないようにするために、神の存在は必要だし、宗教は必要なんだ。

君たちの霊査《れいさ》によれば、イエス・キリストだとか、それに近いような方が、ロシアの文豪《ぶんごう》でも出たと言ってるじゃないか。全部、分かってんだよ、基本的な情報については。いちおう上がってる。いちおう、調べる担当部署はあるんだよ、もう。

綾織　ああ、そうですか。

プーチン守護霊　いちおう、君たちの過去の発言とか、いろんな基本的な考え方とか、あるいは、それが、将来どういうふうになるべきかとか、いろいろ考えていて。もうちょっとロシアのほうが加わっていいなら、ワークしますけども、「君たちの自由な活動が功《こう》を奏《そう》するように見えたほうがよかろうかな」と思って、あんまり目立つようにはしてないんだけどね。

●ロシアの文豪……　幸福の科学の霊査《れいさ》によると、ロシアを代表する文豪であるトルストイとドストエフスキーは、ともに19世紀のロシアに降りた「救世主の魂」であることが判明している。『トルストイ―人生に贈る言葉』『ドストエフスキーの霊言』(共に幸福の科学出版刊)参照。

及川　なるほど。

「財政再建」と「富の創出」も分かっている

及川　今、言われた、宗教の倫理《りんり》的な面で言いますと、確かに、ソ連が崩壊《ほうかい》して、ロシアが一気に自由主義になったときには、決して本物の資本主義ではなく、プーチン大統領が現れる前のロシアは、マフィアとか詐欺《さぎ》とか、そんなものばかりになってしまったのだと思うのです。

しかし、プーチン大統領がロシアを再建するときには、キリスト教、ロシア正教を通して、国民に何か倫理的なものや、本来の資本主義の精神のようなものを伝えようとされているのではないかと感じたのですが、どうでしょうか。

プーチン守護霊　うん。そう。だからね、私も〝魂《たましい》の遺伝子〟的に、ちょっと、「財政再建」とか「富の創出」とか、そういうものは分かるのよ。

だから、イスラム教とはちょっと違うかもしらんけど、「大仏さんのありがたさ」みたいなものが、私には分かるわけよ。イスラム教徒には、壊《こわ》したい対象にしかならないんだろうけど、それは、私には分かるのよね。キリスト教会は、世界各国でいろいろ違ったふうになってるから、意見が一緒ではないとは思うんだけど。

ただ、何と言うかなあ、うーん、それは分かるんだよね。「偉大《いだい》なものに対する信仰があって、それを形にしたい」というのは分かるし、「それがあって、政治とか経済はうまく動いていったほうがいい」というのは、よく分かるんで。

まあ、前にも言ったことがあるから、お世辞と思われてるかもしれないし、日本のマスコミとかは、そんなに重要に思わないかもしれないけども、私は、日本で信用しているのは、大川隆法さん一人、ただ一人なんで。要するに、「この人以外に、自分の言葉に責任を持っている人がいない」と思うので。

「ほかの変な小さなものが起きて、やっては終わっていく」みたいなのがいっぱい入って邪魔《じゃま》をして、君たち（幸福実現党）が出ないようにされているように、私たちには見えるけど。ちゃんと、一筋《ひとすじ》、道を通して、日本の本筋のなかに入ってくれることを、本当に祈《いの》っているんだけどなあ。

8　ウイグル、チベットを救う戦略・戦術

戦争で取るか国を崩壊《ほうかい》させるか――ウイグルを救うのは簡単ではない

プーチン守護霊　で、ウイグルね？　君、ウイグルやりたいんでしょう？　だけど、これは、台湾《たいわん》なんかと違《ちが》って、中国の内陸部でね。そして、高速鉄道が走って、資本をいっぱい入れて、ビルを建てて、産業を起こして、漢人《かんじん》を半分も入れてやってる。これでウイグルを独立させるのはねえ、ウイグルの人たちは甘《あま》く考えてるのかもしらんけど、半分も漢人に入られたら、「戦争で取る」か、あるいは、「中国というのを崩壊《ほうかい》にしてバラバラにしてしまう」ぐらいでないかぎり、取りようがないんで。そんな簡単じゃないですよ。

だから、もし、ウイグルとか、まあ、チベットを再建したいならチベットでもい

いけど、これを独立させたいなら、アメリカの力も、当然、必要ですけど。こういう「民主主義的な考え方からの見解」も必要だけど、裏側からロシア、表から日本、それからEUのほうの四方から、「人権弾圧《だんあつ》国家に対してはフェイバー（利益）を与《あた》えるべきでない」っていう考え方で囲まないと。圧力が、こんなもんじゃ効かない。

中国を経済発展させたアメリカの対中戦略の間違《まちが》い

綾織　トランプ大統領は、二期目までやった場合に、中国共産党政権を崩壊させるところまで考えているのではないかと言われています。プーチン大統領の場合、二〇二四年までの任期があるわけですけれども、対中国で、何かお考えになっていることはありますでしょうか。

プーチン守護霊　今、（ロシアの）経済をもうちょっとだけ浮上《ふじょう》させないと。

中国の経済が大きくなったからね。ここでちょっと差をつけられたんで。アメリカとのあれで、メリットが大きくって。結局、その分は、実は日本から掠《かす》めたものだと思うよ。日本の経済発展する余地の部分を、この二、三十年、中国に〝奉納《ほうのう》〟した状態に、結果、なってるんじゃないかと思う。

これは、アメリカの歴代大統領が、日本を警戒《けいかい》して、「後《おく》れてる中国のほうを大事にしてよかろう」と思ってやったところが裏目に出た。まあ、アメリカのよくやるやり方ではあるけどね。

やっぱり、「東洋では日本が中心であるべき」だと、私は思ってますよ。それが中心であるべきで。

中国は、やっぱり、考え方がちょっと後れてるから。それが一丁前《いっちょうまえ》にね？　この状態では欧米《おうべい》レベルまで行かないから、そんなに、お金と権力を与えてはいけないんじゃないかなあと思うね。

（中国は）「大いなる田舎者《いなかもの》」だと思いますね、まだね。私なんかのほうがよっぽど、もっと先進的ですよ、もうずっと。

幸福実現党の言論が効いているので、台湾《たいわん》・香港《ホンコン》にもっと撒《ま》け

綾織　中国の側は、ソ連の崩壊に学び、「あのパターンを辿《たど》らないように」ということで、あらゆる手を使っています。言論の統制や宗教の弾圧など、すべてそうなんですけれども……。

プーチン守護霊　そういう反面教師はよくないよ。ね？　学ばなきゃいけないんだよ。

綾織　はい。

プーチン守護霊　「ソ連に学んで、崩壊すべき」なんだよ。

綾織　崩壊すべき?

プーチン守護霊　うーん。そうすると、世界は平和になって、中国の人たちは繁栄《はんえい》することになるんだな。

綾織　なるほど。

釈　実際、ソ連は、軍事力でもってアメリカに対抗《たいこう》しようとしたところ、その重みで潰《つぶ》れていったところもあるわけなんですけれども、中国も、やはり、そういう未来を辿っていくように見ていらっしゃいますか。

プーチン守護霊　今、ちょっと、〝予想外の逆風〟が吹《ふ》いている感じかなあ。

「トランプ革命」とか、君らは言ってるが、いや、これはけっこう大きかったでしょうね。「まさか」でしょうね。

まあ、（米中間選挙で）「民主党が巻き返している」と、下院とかで言ってるけど、民主党が強くなることは、アメリカにとってはあまりよくないことだろうと思いますね。ちょっと気をつけないと、こういう（習近平《しゅうきんぺい》氏のような）権力志向の人が強く出てくると、やっぱり、負けちゃうから。負けちゃうことがあるんで。まあ、意見としては少しあってもいいんだけど。重戦車みたいな感じで、ドドーッと来るからさ。

君らの言論は、ちょっと効いてると思うよ。だから、台湾《たいわん》とか香港《ホンコン》に、もっとしっかり言論を撒《ま》いたほうがいいと思うし。

いやあ、ロシアにも、やっぱり、ちゃんと、君たちの思想をもっと広げなきゃ。今のレベルじゃ、ちょっと足りてないよ。もっともっと、思想的に入れていったほうがいいと思うよ。

9　日本の報道では見えない国際情勢「裏の裏」

先進国のマスコミの弱点とは

プーチン守護霊　「日本のマスコミが甘《あま》い」と思うのはね、「プーチン大統領であろうが、トランプ大統領であろうが、自分の守護霊霊言《れいげん》をちゃんと読んでいるんだ」っていうのを知らないところで、やっぱり、それを知るべきだよ。だから、影響《えいきょう》を……、まあ、「本人の本心を、本人が知っている」っていうことで、非常に宗教的人間なんだよ、両方とも。

綾織　そうですね。

プーチン守護霊　ロシアもアメリカも、すごくすごく宗教的人間なんだよ。安倍《あべ》さんは、裏に回って、靖国《やすくに》神社に奉納《ほうのう》したりはするけど、表向きは、まだ、マスコミが怖《こわ》くて逃《に》げている。

そのマスコミっていうのは、やっぱり、基本的、表面的には一流といわれるマスコミほど、宗教の敵になってるんじゃないの？　私はそう思うけど。マスコミが宗教の代わりなんでしょ、日本の場合。

綾織　そうですね。はい。

プーチン守護霊　アメリカでも、宗教の代わりに、マスコミが正邪《せいじゃ》を分かつ意味でやってる場合もある。そしたら、この世的な面で、それが当たる場合も確かにあるけどね。警察の代わりみたいに調べてるようなところがあるから、（当たる場合も）あることはあるけど。「その小さなスクープのために、大きな利益を失う」ようなところは、マスコミの弱点としてはあるから、それを鳥瞰《ちょうかん》できる、遠い目で俯瞰《ふかん》できる人が必要ではあろうね。

ウクライナ騒乱《そうらん》の論理と実利

及川　確かに、今の日本のマスコミも世界のマスコミも、プーチン大統領の宗教性というものを理解していないと思います。

プーチン守護霊　してないよ。

及川　たいへん失礼な言い方ではありますが、どちらかというと、「二十一世紀のヒットラー」というような見方をしているわけです。

プーチン守護霊　うん。

及川　その原因の一つには、二〇一四年のウクライナの騒乱《そうらん》（クリミア危機）があると思います。要するに、「プーチン大統領が侵略者《しんりゃくしゃ》として、ウクライナを侵略したんだ」ということが言われているわけです。

ただ、私としては、そろそろウクライナの一件の真相が明らかになったほうがよいのではないかと思っているのですけれども、ウクライナの騒乱を仕掛《しか》けたのは誰《だれ》なのでしょうか。

プーチン守護霊　まあ、それはいろんな利害で動くからさあ、政治は難しいところもあるんだけど。私のほうの立場の説明しか十分にできないかとは思うが、（クリミアは）ロシア系住民が過半数というか、大多数であったから、あなたがたで言えば、「邦人《ほうじん》保護」という名目はあったと思う。虐殺《ぎゃくさつ》される可能性もあるからね。そらあ、そういうこともあったことが一つだけども。

●ウクライナの騒乱（クリミア危機）　2014年2月、ウクライナの親ロシア政権に反発した市民と警察とが衝突。ヤヌコビッチ大統領はロシアへ逃亡し、親欧米政権が暫定《ざんてい》的に発足《ほっそく》した。しかし、ロシア系住民が多いクリミア自治共和国はウクライナからの独立運動を起こし、ロシアが軍事介入。住民投票の結果、2014年3月にクリミアはロシアに編入された。

「ウクライナ問題」は、ロシアの歴史を知っている人でないと分からないと思うが、ナポレオン戦争やヒットラーとの戦争のときに果たした役割を、やっぱり知らなければいけないんでね。ウクライナがなかったら、勝てなかった可能性もある。これが、ロシアの〝懐《ふところ》の深さ〟を意味しているところなんで。ロシアの人はそれを分かってるんだけど、ヨーロッパのほうはあんまり分かってないところがあるだろうね。

それと、最終的に、「国防」ということはみんな一緒《いっしょ》なんだけどね。要するに、ウクライナにミサイルを並べられて、空軍基地をつくって、モスクワ攻撃《こうげき》できる態勢を組まれると、国防上は極《きわ》めて厳しい。君らが、平壌《ピョンヤン》からミサイルを撃《う》ってほしくないのと同じ状況《じょうきょう》が生まれるわけよ。これは阻止《そし》したいんですよ。だから、EUの……。EUじゃなくて、NATO《ネイトー》（北大西洋条約機構）か。NATOの軍隊が入って、対ロシアで、ここでやられるっていうの、これは〝喉元《のどもと》〟みたいな感じなのでね。「これを避《さ》けたい」っていうところがあったということだよな。

彼らは彼らの選挙でいろいろ意見はあるけど、君らで言やあ、沖縄《おきなわ》の知事選で中国寄りの人たちが勝ったりするのと同じことではあるんで。

だから、安倍さんは、軍隊は投入しないかもしらんけど、知事選の結果なんか無視して（米軍基地移設の）工事は再開するとか、やってはいるでしょう？

それは、「国際的な問題」というか、「条約」とかね、そういうものは、そらあ、地方自治には優先しますよ、どうしたって。だって、「国家の危機」になる可能性があるからね。それはしかたない。

それは私が見て、アメリカの基地なんか、そらあ、撤去《てっきょ》してくれたほうがいいとは思うけど。だけど、考えとしては、そちらのほうを優先すべきだと、基本的には思うよ。それはそうだよ。

〝イギリスでの暗殺〟の真相は

綾織　「プーチン大統領がヒットラーではないか」というような見方をされる一つの理由としては、最近の出来事で言うと、ロシア軍の情報機関系の二人がイギリスに行って暗殺をしたというものもあります。

プーチン守護霊　ハハッ（笑）。

綾織　そういったことが、世界的にもさまざまな反響を呼んで、「やはり、プーチン大統領は怖い」「ロシアは怖い」という論調になっているのかもしれません。

そこで、今日は貴重な機会ですので、そのあたりのことについてお伺《うかが》いできればと思います。

プーチン守護霊　でも、少なくともね、いろいろあるとは思うけど、（ロシアは）強制収容所みたいなものを、今つくってね、反対する人たちを全部放り込《こ》んだり、「国外脱出《だっしゅつ》は絶対に許さない」みたいな国ではなくなっていることだけは明らかなんで。

綾織　はい。まったく違《ちが》いますね。

プーチン守護霊　そういうスパイ組織自体はイギリスだって持ってるよね。

綾織　そうですね。

プーチン守護霊　ねえ。イギリスだって持ってるしさ、イスラエルだって持ってるしさ、サウジだって持ってるしさ。もう、いっぱい持ってるんだから、いろんな国で。

綾織　ある意味で、ほかの国はもう少し上手にやっている可能性があるのですが（苦笑）。

プーチン守護霊　上手にやってる？　まあ、この前、どっかの皇太子さんが何か殺したとかいう話があるじゃないか。どこなのよ？

釈　サウジアラビアです。

プーチン守護霊　サウジだろう。

綾織　まったく下手《へた》なやり方ですが、とんでもないことです。

プーチン守護霊　皇太子さんの指示で、反対するジャーナリストを殺したらしいという、総領事館のなかで？

綾織　はい。

プーチン守護霊　いや、これ、下手な〝芸〟があったものだけど。まあ、そういうのもあるけど、昔ほどね、きついKGB体制はないから、やってない。

要するに、強制収容所があって、「政治的な意見の反対をやった」とか、情報的に……、何て言うかなあ、「中央紙に反対するようなことを言ったやつは放り込む」とか、こういうことをやっていると、そらあ、ちょっとヒットラー的に近いとは言えるけど、そういうものの反省の上に成り立って、今のロシアはあるんで、そこまでは行ってない。うん。

釈　なるほど。

10 「北方領土問題」解決の条件と時期

先の大戦、ソ連の二千五百万人の〝血の代償《だいしょう》〟

釈　日本のロシア観も、●占守島《しむしゅとう》の戦いや、シベリアの抑留《よくりゅう》など、そういうものと合わせて語られています。日本のなかでも、当時の記憶《きおく》を思い出すと、アメリカの議会が反ロシアになるのと同じように、「ロシアは信用できない」というような話になりがちなのですけれども、このあたりについてはどうご覧になっていますでしょうか。

プーチン守護霊　いやあ、だから、アメリカと、まあ、終戦工作のところの話だけどさ、当時はスターリンだけど、ドイツを滅《ほろ》ぼすに当たっては、ものすごく〝血の

●占守島　千島《ちしま》列島最北端に位置する島。太平洋戦争終結後の1945年8月17日深夜、日本と中立条約を結んでいたソ連軍が占守島《しむしゅとう》に進攻。日本軍守備隊はこれに反撃し、ソ連軍に多大な損害を与えて、北海道進攻を阻止した。

犠牲《ぎせい》〟を払《はら》ってるんですよ、ロシア（ソ連）はねえ。

だから、もともとは戦わない不戦条約だったんだ。「（独ソ）不可侵条約《ふかしん》」だったんだけど、イギリスのチャーチルの要請《ようせい》も、それからアメリカからもあったけど、要請を受けてナチスを倒《たお》した。その主戦力は欧米《おうべい》のほう、イギリスやアメリカもあるけど、ロシアが地上進攻《しんこう》してベルリンまで攻《せ》め落としたのは大きかったと思うんだ。

ただ、第二次大戦では、（ソ連は）二千五百万人ぐらいは死んでると思うんで。これだけの代償《だいしょう》を払って、イギリスが滅びるのを防いだし、フランスが国を取られたのを取り返した。ドイツが侵略国家で、ほかの国、近隣《きんりん》の国も全部侵略して取っていたよね。これ、全部取り返した。

二千五百万人の〝代償〟で、それだけのものを取り返したということに対して、ロシアというかソ連はね、まあ、こういう言い方はちょっとあれだけど、十分にペイしてないっていう。まあ、「ずいぶん死んだなあ」っていうことだけど、何ももあるしね。

〝獲物《えもの》〟がないんで。共産主義の衛星国をつくったのはそうだけど、失敗したこと

アメリカの広島原爆《げんばく》投下を見て、ソ連は日本への進攻《しんこう》を決めた

プーチン守護霊　日本のほうは、アメリカがいち早く原爆《げんばく》を落として取ってしまって。こういう汚《きたな》い手を使って、日本を押《お》さえに入ったなという話で。

●ヤルタ協定の本当の話では、ああじゃなかった。本当は、「東京から東側はソ連にあげる」と。それから、「南側はアメリカに」と。

裏約束はそういうふうになっとったのに、〝アメリカが全部取っちゃう〟というようなことになったから、八月九日ぐらいだったかなあ？　そのあたりに慌《あわ》てて〝日ソ不可侵条約〟（日ソ中立条約）を放棄《ほうき》して、ちょっとは何かやらなきゃいけないということで（日本に）入ったわけだけど。

日本は八月十五日で終戦ということで、天皇陛下《へいか》が一方的にラジオで放送したん

●**ヤルタ協定**　1945年2月、アメリカのルーズベルト、イギリスのチャーチル、ソ連のスターリンがクリミア半島のヤルタに集まり、第二次大戦終結後のことについて話し合った会談でまとめられた協定。

で、これで戦争が終わったと言うが、それは、「日本の戦いが終わった」という意味であって、実際、ミズーリ号上で条約が結ばれたのは九月の二日だったから。その間《かん》、「北方四島を取られた」とか、「シベリア抑留になった人たちが五、六十万も捕《つか》まった」とか言われてはいるわけだけど、この間の戦争は不正な戦争かどうかと言われると、まあ、言い分は両方あることはあって。天皇陛下が言っただけで、それで終わったわけではないんで。

これ、こちらのほうのは、その前に破棄《はき》してやったけど、「日本が全部、アメリカのものになってる」ということだったからな。

及川　今、非常に重要なことをおっしゃっています。

確認します。八月六日にアメリカが広島に原爆を落としました。ソ連はそれを見て、「アメリカが日本をすべて取る気だ」と思って、進攻《しんこう》してきたんですね。

プーチン守護霊　そう、そう。

そうです。だから、はっきり言やあね、出遅《でおく》れたわけよ。八月六日、八月九日と原爆を二つ落とされて、「ここまでやるか」と、ちょっと驚《おどろ》きは禁じえなかったけども。ヤルタ会談の裏では、「日本を半分こしてもいいから、ヒットラーをやってくれ」っていうような話だったからね。だから、こちらも大勢死にながら戦ったのに、「あれ？　終わってみたらアメリカが全部取るんか」っていうことで。

アメリカも「ノルマンディー上陸」で頑張《がんば》ったとは思うけど、死んでる数は、こちらのほうがはるかに多いからね。「それはないんじゃないの？」っていう感じは、はっきり言ってあったわね。

綾織　日本としても、そのあたりについては、「やられた」という記憶が大きすぎるのですけれども。

親日家の大統領のときに平和条約を結ばないで、いつ結ぶのか

綾織　ただ、もともとの日本とロシアの関係を見ると、これは司馬遼太郎《しばりょうたろう》先生が書かれていることですが、「ロシアがシベリアと極東に領土を広げてきたとき、このへんの経営が成り立たなくなった。そのため、日本と結ぶしかなかった」と。

プーチン守護霊　そうだよ。

綾織　「だから、日本に対しては、江戸《えど》時代からずっと国交を開いてほしいと求めていたし、日本からいろいろなものを輸入したかった。交易をしたかった。ある意味、日本が大好きだったんだけれども、袖《そで》にされて、片想いのような関係だった」というようなことを言われていました。

プーチン守護霊　そうそう。〝片想い〟よ。だから、ロシア人で圧倒《あっとう》的な日本支持は、四割は超《こ》えて五割あると思うけど、〝薄《うす》く日本が好き〟っていうのも入れれば、親日は八割ぐらいあるんですよ、ロシアでは。この八割の親日国をねえ、こんな近くにいるのにねえ。

で、「大統領が親日で、奈良《なら》の大仏をつくった過去世《かこぜ》を持ってる」と認定された。「そういう大統領がやってるときにね、（平和条約を）結ばないで、いつ結ぶの？」っていう感じはある。

「少なくとも二島は、私の任期中に返したい」

プーチン大統領　まあ、強制労働を受けた方？　十年ぐらい？　それは大変だったとは思うけど、「労働賃に換《か》えられた」っていうことだよね、その（ソ連の死者二千五百万人の）代償が。

（ソ連が取ったのは）島四つか？　だけど、ロシアの本音を言えば、いやあ、最後のほうの八月から九月の頭までのどさくさ？ ミズーリ号の上で（降伏文書《こうふくぶんしょ》が）調印されるまでの間に、北海道ぐらい欲《ほ》しかった（笑）。まあ、それが本音なんで。

「そのくらいもらわないと、ドイツのために死んだ英霊《えいれい》たちが浮《う》かばれん」って。こちらの言い分はね。こちらの言い分としては、「なんで、ドイツのためにそれだけやって、フランスを独立させてやって、イギリスの国家崩壊《ほうかい》の危機を救ってやって、これで何？ 何もなしなの？」みたいな感じは、やっぱり、あった。日本から取れるものなんか何もないもんね。お金も、当時はね。

まあ、言い方はあると思うけど、国際法上、「日本の天皇陛下が（ポツダム宣言を）受諾《じゅだく》したから、それで戦争が終わった」とは言えない状況《じょうきょう》ではあったと思うので。

これはね、今後の交渉《こうしょう》の問題だから。私は分かってるから。大きなところは分かってるけど、言い分としてね、そういう言い分もあったんだ。

先の大戦でアメリカは二千五百万人死んだかって？ 死んでないでしょ？ 対日

でも、日本は三百万人死んで、アメリカは死んだの（ヨーロッパ戦線を含《ふく》めて）三十万人ぐらいでしょ？　こっちは二千五百万だよ。すごいよ。

だから、国民の感情はあるわけよ。「戦争をやって、親戚《しんせき》一同、身内もいっぱい死んでいる。それで、こんなもんかい？」っていう気持ちはあるからさ。

まあ、そういうところがあって、北方領土のところが引っ掛《か》かってるけど、昔、合意してるから、「四島のうち二島は返さなきゃいかん」とは、私は思ってる。「少なくとも二島は、私の任期中に返したい」と思ってるんだけど、うまく（日本が）乗ってきてくれないから。

「敵に返すよりは、友人に返すほうが返しやすいんだ」って言ってるんだけど、安倍《あべ》さん、

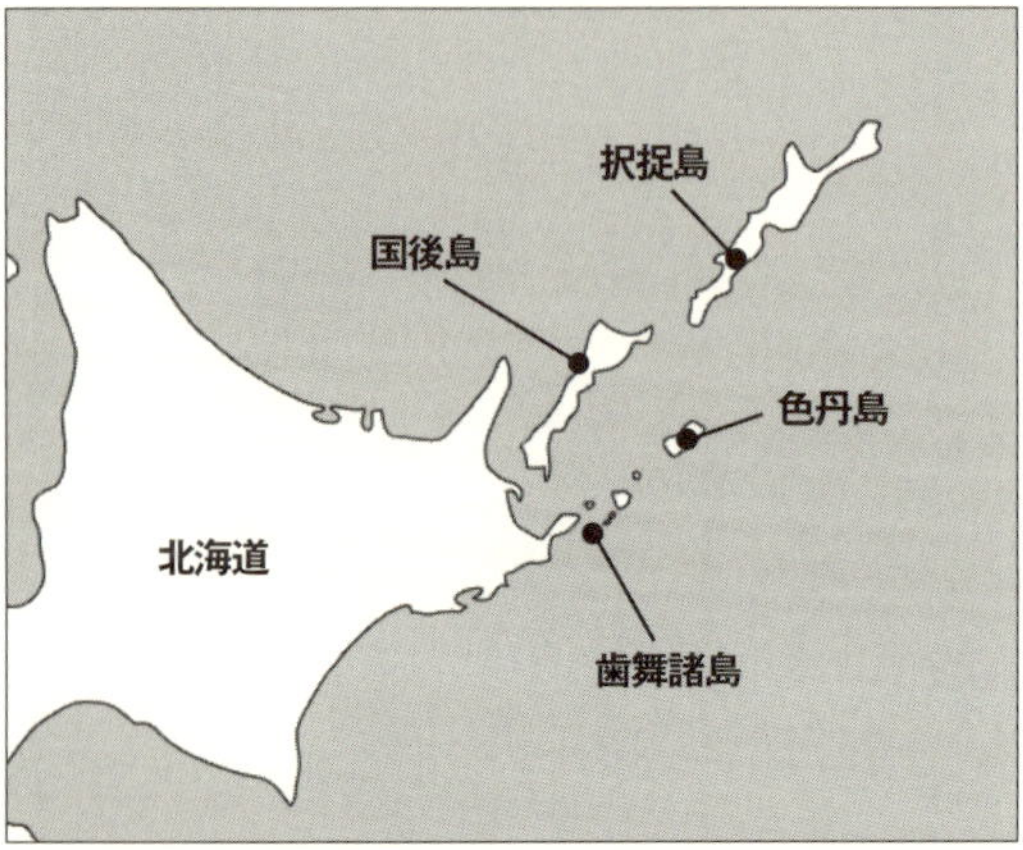

北方領土は択捉島《えとろふ》、国後島《くなしり》、色丹島《しこたん》、歯舞諸島《はぼまい》の島群からなる。第二次世界大戦において、日本がポツダム宣言を受諾した後《のち》に、ソビエト連邦がこれらの島々を占領した。

分かってくれないから、これが。なんで分かってくれないんだろう？

条件① 北方四島に米軍基地をつくらない

釈 国内には、「ロシア側は、非常に重要な軍事施設《しせつ》があるため、北方領土を返すわけがない」という意見もあるのですが、これについてはどうでしょうか。

プーチン守護霊 一つはそうですけど。出口がないからね。出口がかなり塞《ふさ》がっていて、（太平洋に出るのが）厳しいので。

ただ、いちばん恐《おそ》れてるのは、北方四島を返して、ここに、アメリカは本能的に見れば、沖縄《おきなわ》と同じような軍事基地をつくりたい。うちが持ってるやつが、そのままアメリカの軍事基地に変わる。これはまたウクライナと同じ問題を起こすので。だから、「（日露《にちろ》）平和条約」を結ぶに当たって、「領土問題の解決はそのあとにしよう」と言ってるのは、この領土問題を解決するときに、アメリカの軍事基地、ロシアに向けてミサイルを並べる空軍基地を〝喉元《のどもと》〟につくられるとなると、（ロシアの）国民は絶対「返せ」とは言わないから。ここのところは、やっぱり、ちゃんと合意をしなきゃいけないんで。

釈　では、「アメリカの基地はつくらない」といった約束ができれば……。

プーチン守護霊　そうそう、それ（基地）はやめてほしい。それはやめていただきたい。

日本が、北海道ぐらいまで自衛隊で防衛するのは構わないと思うけど、「北方領土は平和的にしか利用しない」っていうのでなければ……。「全部返したら、すぐ〝アメリカ領〟になった」というのは、ちょっと困るんで。

及川　今、「二島」とチラッとおっしゃっていますけれども。

プーチン守護霊　いや、返す気あるよ。

及川　そういうことですね？

プーチン守護霊　ちゃんと筋《すじ》を通してくれれば、返せるよ。

条件②　アメリカと同様な付き合いをロシアとする

及川　今、釈党首が訊《き》いた軍事基地ですが、軍事基地があるのは、四島のうち国後《くなしり》と択捉《えとろふ》ですよね？

プーチン守護霊　ああ、そうです。

及川　ということは、「歯舞《はぼまい》と色丹《しこたん》は、返してもいい」ということですね？

プーチン守護霊　もともとその予定じゃない？

及川　なるほど。

プーチン守護霊　もともとはその予定じゃない？

及川　そこに、「安保《あんぽ》条約に基《もと》づいて、アメリカが出てくるというのは、なし」と。

プーチン守護霊　うん。そこにつくられるのは、ちょっと敵《かな》わんから。だから、アメリカとの関係で、日本はロシアとの関係をどう変えていくのか。このところ、ちょっと詰《つ》めをしなきゃいけないわけよ。まあ、「北方四島を返すま

●もともとその予定……　1956年10月19日に調印された日本とソビエト連邦の間の共同宣言（日ソ共同宣言）では、領土問題に関して、「両国は引き続き平和条約締結交渉を行い、条約締結後に、ソ連は日本に歯舞群島と色丹島を引き渡す」としている。

での間は、日本が、日米条約のほうを優先する立場を取る」ということ自体は、私は容認するから。「日米の合意と日米条約を優先する」っていうことは呑《の》んでもいいと思ってる。

ただ、「北方四島をお返しして、そして、平和利用以外では使わない」というかたちの場合には、何て言うかなあ、「ロシアとアメリカに対して、同じぐらいの付き合いはしていただく」という感じに持っていきたいなと。そのあたりが条件なんだよね。

なぜ、あとの「メドベージェフ」ではなく、今の「プーチン」なのか

釈　もう一つ、二島返還《へんかん》という話になったとき、日本のほうでは、「残り二島の主権について譲《ゆず》ったら、竹島《たけしま》問題や尖閣《せんかく》諸島に影響《えいきょう》がある。ロシアにとっても、ウクライナの問題とかいろいろ影響があるだろう」ということを言う方々も多いのですが、この主権に関しては、どのように整理をされるおつもりでしょうか。どちらか

というと、「中国のことを考えた上で、優先順位を考えろ」ということなのでしょうか。

プーチン守護霊　それは、政治だから話し合いですけど。まあ、最初は共同統治みたいな感じにする可能性もあるし、完全にお返ししてもいいけど、何て言うか、日本とロシアの関係がガシッと固まれば、それでも別に構わない。だけど、そこまで固まるかどうか。

それから、私のあとに（大統領に）なるかもしれないメドベージェフが……。まだやるかどうかはちょっと分からないけど、もし彼の場合だったら、親日度は私よりは落ちるから。だいたい、彼が大統領のときに北方四島の軍事基地を強化してるので。彼自身は、私より親日ではない可能性があるので、私が大統領の時代に固めておきたいなと思ってるんです。

二十二回も会談した安倍《あべ》首相の印象は？

釈　プーチン大統領の任期は二〇二四年までですが、そのあとは、また首相に戻《もど》って、また大統領を……。

プーチン守護霊　ハハハハ（笑）。さあ、どうなるかなあ。でも、独身が長いから、そう長くもつかなあ。若い嫁《よめ》さんでも来ないと、ちょっともたないかもしれないなあ。

釈　（笑）「考えなくもない」ということでよろしいでしょうか。

プーチン守護霊　習近平《しゅうきんぺい》も〝終身制〟だからね。まあ、考えなくもないけど。安倍《あべ》さんの三期目は何年までだね？

釈　二〇二一年です。

プーチン守護霊　二一年ね。私のほうが、三年長いのね。今年が一八年。あと三年ぐらい。オリンピックのあとぐらいね。
いや、でも、やっぱり今、交渉しなきゃ駄目《だめ》だな。

釈　そうなると、日露平和条約を、安倍首相と二十二回もお会いになって……。

プーチン守護霊　そうなの。もう意味ないよ、これ以上会っても。温泉とか、雪降るなか、放り込《こ》まれたけどさあ、山口の。いや、遠かったぜえ。

釈　長門《ながと》市でお会いになられて。

●**温泉とか……**　2016年12月、安倍首相とプーチン大統領による日露首脳会談が行われた際、安倍首相のお膝元である山口県長門《ながと》市の温泉旅館に招いた。

プーチン守護霊　ほんとにちょっと。いやあ、もうちょっとすっきりと……。私はさあ、ロシアでは〝頭の切れ味《あじ》〟はピカイチだからね。安倍さんは、人を使う名人なのかもしれないけど、それから、人気を取るのはうまいとは思うけど、このへん、もうちょっとスパスパッと〝切れる〟といいんだがなあ。幸福実現党、もうちょっと頑張ってもらえないかなあ。

11　プーチンが、この時代に出現した意味

中国に対する考え方を整理せよ

釈　すみません。安倍《あべ》首相は、東方経済フォーラム（二〇一八年九月十二日）でプーチン大統領を前に、「今やらないで、いつやるのか、我々がやらないで、ほかの誰《だれ》がやるのか」と演説し、「今でしょ！」という感じで、新しいロシアとの関係を提案したので、プーチン大統領も、「それなら」ということで乗ってこられたところもあったかと思うんですけれども、ぜひ、私たちも、日露《にちろ》平和条約を早期に締結《ていけつ》できるよう……。

プーチン守護霊　やってくださいよ。ウイグルだって、これやりたかったら、ロシ

アを絡《から》めなきゃ。（中国は）後ろからやられるのはきついよ。これはきついね。ロシアのはきついよ、中国にとっては。

それから今、ドイツに（講演で）楔《くさび》を打ったんでしょう？ ドイツに、「考え方を改めよ」って。「『中国とは貿易第一で、金さえ稼《かせ》げればいい』という考え方は、カントさん、ちょっと問題あるんと違《ちが》いますか」と（注。以前の霊言《れいげん》で、ドイツのメルケル首相の過去世《かこぜ》の一つは、哲学者《てつがくしゃ》のカントであると推定されている。『スピリチュアル・インタビュー　メルケル首相の理想と課題』〔幸福の科学出版刊〕参照）。「もうちょっと、正義を立てないといけないんじゃないですか」と。「こんな人権弾圧《だんあつ》して臓器売買してるようなところ、放置してていいんですか。稼がせてていいんですか」っていうようなところだよね。

このへんはやっぱり、ちゃんと考えを整理しなきゃいけないし。

今年、日露《にちろ》平和条約を結びたいと思った、もう一つの理由

プーチン守護霊　もう一つ、今年、私がね、「日露《にちろ》平和条約」を結びたい理由があるんだよ。

綾織　はい。

プーチン守護霊　東郷平八郎《とうごうへいはちろう》様が日本にお生まれになった。私たちロシア人も尊敬してる。

綾織　ほお。

釈　そういう意味では、霊的なところも大きい……。

プーチン守護霊　東郷平八郎が再誕《さいたん》された、日本に。この意味は大きい！　限りなく大きい。ええ。戦うんなら、どうぞ、中国と戦っていただきたい。ロシアと戦わずに、中国とやっていただきたい。

綾織　なるほど（笑）。ロシアは、東郷平八郎に（日露戦争の日本海海戦で）やられてしまいましたからね。

プーチン守護霊　ロシアが戦うのはもう勘弁《かんべん》。いやあ、勘弁なんで。もう結構ですから。二回目は結構。パーフェクトゲーム二回は結構だから、どうぞ中国にパーフェクトゲームをやっていただきたい。こちらは、「東郷平八郎、再誕する」という報に接して、「ああ、もうこれは早く平和条約を結ばなきゃいけない」と。

綾織　ああ、なるほど。

プーチン守護霊　霊的には、そういう動きが加速されています。危ない。もう日本は、次の備えに入ってるから、危ない。

「中国は悪い国。そんな国を稼《かせ》がせてはいけない」

釈　では、「一緒《いっしょ》に中国を封《ふう》じ込《こ》めましょう」ということでよろしいですか。

プーチン守護霊　うん、まあ、中国でいいんじゃない。中国は〝悪い国〟だもん。なあ？

綾織　はい。

プーチン守護霊　悪い国を稼《かせ》がせて、それはよくないじゃない。そんな稼がせちゃいけないよ。だから、ほかのところで経済をもうちょっと興《おこ》して、資金を回して、強くなろうよ。

人権弾圧して、国連の常任理事国としてちょっと問題ある中国がね、力を発揮して二国状態？「（中国と）アメリカの二国が」って言ってるのを、やっぱり破らなきゃいけない。

もし日本がね、まあ、ロシアは別に日本を経済的に抜《ぬ》かなくてもいいけど。三位で構わないですけどね。二位まで行かなくてもいい。三位でも構わないけど、まあ、私は、日本がメキシコやインドネシアに負ける時代を見たくないのよ。

それと、あと、「インドにも抜かれる」っていうんでしょう？「インド、メキシコ、インドネシアあたりに日本経済は抜かれる」っていうんでしょう？　悲しすぎる。日本は英雄《えいゆう》であってほしいなあ。もうちょっと。

●インド……　2017年2月13日に発表された「2050年の世界」（PwC）によれば、2050年のGDPの世界順位の予測を、1位「中国」、2位「インド」、3位「アメリカ」、4位「インドネシア」、5位「ブラジル」、6位「ロシア」、7位「メキシコ」、8位「日本」としている。

ソ連崩壊《ほうかい》後のロシアをどう立て直すかで、「私が選ばれた」

綾織　プーチン大統領がロシアに生まれられた意味というのは、やはり「日本との関係」がいちばん大きいのでしょうか。

プーチン守護霊　いやあ、いちおう、「ロシアの近代化」も大事だからね。第二次大戦後の問題はもう、だいたい、ほとんどロシアっていうか、ソ連の問題が最大の脅威《きょうい》でしたからね。

そして、「ソ連が崩壊《ほうかい》するまでの時間」「だいたい崩壊まで何年かかるか」までは分かっていたんで、「その後、どう立て直すか」という（天上界《てんじょうかい》の）計画はあった。それで、私が選ばれて（地上に）出てきているんで。

綾織　はい。

プーチン守護霊　「その私の時代に、この日露関係をよくしたい」という感じですね。

で、安倍さんの（過去世は）、北条時頼《ほうじょうときより》か何か知らんけどさ。あれは、だいたい、あれでしょう？　中国（元《げん》）と高麗《こうらい》の合同軍との戦争の準備だったんでしょう？　だから、（今も）そうなってんじゃない。ねえ？

綾織　なるほど。

プーチン氏を天上界《てんじょうかい》から指導している神とは

綾織　「天上界《てんじょうかい》から送り込まれたようなかたち」というお話でしたけれども、普段《ふだん》、ご指導はどなたから受けているのでしょうか。

●安部さんの……　『安倍昭恵《あきえ》首相夫人の守護霊トーク「家庭内野党」のホンネ、語ります。』（幸福の科学出版刊）参照。

プーチン守護霊　いちおうキリスト教ではあるから、キリストの力は入っているが、ロシアそのものも、北欧《ほくおう》まで文化圏《けん》はあって、ほんとはドイツぐらいまで影響《えいきょう》し合う関係は持ってはいるんだけどね。

だから、キリストをとりあえずは、今のところ中心軸《じく》に置いているから、「西洋化は可能だ」ということではあるんだけど、もっと奥《おく》にはやっぱり、「オーディン神」がちゃんといらっしゃいますね。

オーディンはこっちへあんまり出てこないでしょ？

綾織　はい。

プーチン守護霊　北欧からロシアのほうを見ているんで。ええ（注。オーディン神は、一般《いっぱん》に、北欧神話の最高神とされるが、幸福の科学の霊査《れいさ》によると、八千年～九千年ほど前に実在した王で、北欧を中心とした「アズガルド文明」を興したとされる。地球神エル・カンターレの分身の一人。『マイティ・ソーとオーディンの北欧神話を霊査する』（幸福の科学出版刊）参照）。

綾織　そういうことなんですか。

プーチン守護霊　オーディンは、こっちの寒い国のほうを中心に今、見てるから。

綾織　なるほど。

釈　お釈迦《しゃか》様、仏陀《ぶっだ》とのご縁《えん》も非常に深いと思います。

プーチン守護霊　そうですね。

釈　そういう意味では、プーチン大統領は、やはり次の世界秩序《ちつじょ》をつくり上げるために天上界で選ばれた方であるというか、そういうご計画だったのでしょうか。

プーチン守護霊　だから、今ねえ、本当に期待されてるのは……。トランプさんも、私も、みんな独裁者みたいな言われ方はしてるけど、あとはメルケルさんもそうだけども、本当に天上界から有力な方を出してね、地球を何とか立て直そうとして、やっているわけだからさあ。私たちの時代に、駒《こま》を進めたいんだよな。何とかね。国は違えども、「共通する普遍《ふへん》的な価値」っていうのはあると思うんで。

だから、日本の政治家はもうちょっと宗教的になってくれないと、話が通じないんだけどなあ。

トルコの大統領やサウジアラビアの皇太子への評価

綾織　独裁者的というところで言うと、気になる国として、トルコとサウジアラビアがあります。トルコの大統領も、サウジアラビアの皇太子も、判断が難しいところですけれども。

プーチン守護霊　まあ、でも、小さいな。問題としては〝小さい〟かな。

綾織　ああ、そうですか。

プーチン守護霊　二番手、三番手以下の話かな。もっと大きな問題としてはやっぱり……。「イスラム教圏」と、「イスラエル、およびイスラエルを応援《おうえん》するアメリカやイギリス等」がぶつかった場合の問題は、世界戦争になる可能性が一つにはあるから、イスラム圏もちょっと変えないと。

うち（ロシア連邦《れんぽう》）も、なかにイスラムの国を持ってるけどね。キリスト教が〝国教〟だけど。昔のソ連邦のなかにはイスラム教の国もあったけど、はっきり言って、かなり難しいです。要するに、「主権」が二つになるんですよね。

シリアやイランをどうコントロールするか

綾織　ロシアに近い国としては、シリアもありますし、イランもある程度近くて、「この二つの国をどうコントロールするか」というのは非常に難しいところですけれども、今の時点で何かお考えはありますでしょうか。

プーチン守護霊　もう宗教はねえ、けっこう……。うーん、押《お》し合いへし合いしている国だからねえ。イランなんかも、宗教的には先進国だからね。だから、彼らも、なかなか価値観的に譲《ゆず》らないものはあるからさ。キリスト教やユダヤ教よりも、自分たちのほうが「古い宗教の聖地」だから、そう簡単に譲らないし。

アメリカが後押ししてやっている……、公式には言っていないのかもしれないけども、イスラエルは核《かく》武装していることぐらい、みんな、いちおう知っているじゃない。

綾織　はい。

プーチン守護霊　「イスラエル、要するに、キリスト教と対立したはずのユダヤ教徒の国は核武装してよくて、イスラム教国はどこも核武装しちゃいけない」という論理。まあ、パキスタンは、核武装してますけどね。「それ以外の中東はしちゃいけない」という論理は、うーん、もうひとつ、どうなんだろう。「やっぱり、これも、ある意味での人種差別なんじゃないのかな?」という気はするわな。

「イスラエルの国際的な軍事的な力は、四番目ぐらいではないか」とか、あるいは「もしかしたら、二番目ぐらいに強いんじゃないか」という説もあるぐらいの、先進核兵器も持っていれば、空軍力も、アメリカの最先端《さいせんたん》の空軍とほぼ同じ戦力を持っている。

アメリカはユダヤ資本に牛耳《ぎゅうじ》られているから、基本的には、「航空技術」等をどんどんイスラエルに売り渡《わた》している。日本に売り渡すのはかなり遅《おく》れて、トランプさんの代になって、やっと入ってこようとしてるけど、あちらのほうには先に入ってるから。だから、空軍で、アラブのほうの国の航空機と戦ったら、「アラブのほうが全部墜《お》とされて、イスラエルの飛行機は一つも墜ちない」というぐらいの戦力差があるんだよな。まあ、このへん、調整がうまくいくかどうかの問題はあると思うな。

アメリカのキリスト教福音《ふくいん》派が、〝エルサレム奪還《だっかん》〟を掲《かか》げてたからね。だから、トランプさんは、自分らを推《お》している勢力の（要望の）一つを実現したんだけど、ここに大きな問題はあって、ちょっとまだ手は下《くだ》しかねてます。

ただ、うーん、イラン……、イランも親日なんだよな、どっちかというと。親日国なので、日本はもうちょっと関与《かんよ》できる余地があるんだよね。親日なんで。

あと、シリアは、キリスト教国的には、イエスも歩き回ったところだからね、イエスの弟子《でし》もね。もうちょっと平和になってもらいたいと思うんだが、このへん、〝次の火薬庫〟になる可能性があるので。シリアから、トルコのへんはねえ、とにかく戦争を終わらせて平和にしなきゃいけない。

綾織　はい。

プーチン守護霊　このゲリラってやつが、正体がよく分からないので。何とか一般民衆が虐殺《ぎゃくさつ》されないようにしなきゃいけない。

軍事力は、一般に、マスコミは「悪だ」と考えるんだけど、ゲリラレベルのものに国を蹂躙《じゅうりん》されないためには、やっぱり、軍事力はあったほうがいいと思うよ。

ロシアは軍に超能力者《ちょうのうりょくしゃ》を雇《やと》い、宇宙人を取り入れている

綾織　ロシアの軍事力についてちょっと気になるところとしては、「宇宙人が入っ

ているのではないか」と、よく言われているところなのですけれども……。

プーチン守護霊　アハハハハ（笑）。

綾織　まあ、アメリカにも入っているし、中国にもあるというようにも言われていますが。そのあたりのことについて、もし、守護霊様として、特に日本人に対して啓蒙《けいもう》できるようなことはありますでしょうか。

プーチン守護霊　まあ、宇宙に出ていく力としてはね、アメリカより先駆《さきが》けていたところもあるからね。原爆《げんばく》をやったら水爆をやる。それから、宇宙に出る。競争していたところがあるけど、今、経済力がそれほどにないからね。技術は持っているけどね。

ただ、日本なんかがロシアの後塵《こうじん》を拝《はい》しているのは、本当はおかしいとは思ってるよ。同じぐらい行ってなきゃいけないんじゃないかねえ。
宇宙のところ、うーん、「宇宙人がどうか」というのは、これは秘密事項《じこう》だから。コンフィデンシャル（機密）だから。大統領がよその国でペラペラとしゃべって、いいかなあ。特に、情報機関にいた者としては、そのへんは気をつけないといけない。

綾織　なるほど。

プーチン守護霊　口の軽さは、命取りにはなる。

釈　先般、●習近平《しゅうきんぺい》氏の守護霊を呼んだときに、「常任理事国では、宇宙人による技術供与というのは常識だ」というような話まで出ているのですけれども、これにはイギリスやフランスも入っているということなのでしょうか。

●習近平氏の守護霊を……　『習近平守護霊　ウイグル弾圧を語る』（幸福の科学出版刊）参照。

プーチン守護霊　うん。フランスにも降りてるね。うーん。イギリスも知っている
し、アメリカは、当然、知っている。アメリカはかなり大規模に取り入れているか
ら。

ロシアは、もう、宇宙人から超能力者《ちょうのうりょくしゃ》まで軍事にいっぱい取り入れているので。私たちは霊的なものを否定してませんよ。超能力者はいっぱい雇《やと》ってますよ、軍事的にも。

綾織　なるほど。

プーチン守護霊　大川隆法さんみたいな方が一人いたらねえ、これはもう、十個師団ぐらいの力になりますからね。

釈　十個師団どころではないと思うんですけど……。

プーチン守護霊　もっとあるかもしれないけどねえ。

釈　プーチン大統領ご自身は、何か、ルーツのようなものは……。

プーチン守護霊　うん？　ルーツ？

釈　宇宙のルーツというのは、何か……。

プーチン守護霊　宇宙？　いやあ、そんなの、あんまり言わないほうがいいんじゃないの？　日本のマスコミが信用しないんじゃない？　そんなの。

釈　そうですね。すみません。

12　安倍《あべ》首相へのメッセージ

ささやかれる「領土返還《へんかん》、衆参ダブル選挙」は、甘《あま》い

釈　今後の日露《にちろ》関係のスケジュールが幾《いく》つか詰《つ》まってきています。今月、シンガポールで安倍《あべ》首相とお会いになったり、来年の六月下旬《げじゅん》に大阪《おおさか》で行われるG20の首脳会議でも、プーチン大統領とお話をできる機会があるわけです。

これに向けて、永田町《ながたちょう》のあたりでは「北方領土返還《へんかん》、衆参ダブル選挙」という説が流れているようでございまして。

プーチン守護霊　へへへ。それはちょっと甘《あま》いかなあ。ハハン。

釈　甘いですか。

プーチン守護霊　うん。「何もなし」で領土返還が成り立つわけないから、それは、「何かがなきゃいけない」わねえ。

先ほど言ったように、まず「大局観」がなければいけないんで。この前、ロシアに経済制裁をしておいてから、安倍さんに呼ばれて日本に来たって、何もいいことがなくて、くたびれただけだったからね。だから、もうちょっと、もうちょっと積極的に行かないといかんのじゃないか。

だから、「たまにはポンと大技《おおわざ》をかけてこい」って言っているんだけどさあ。〝クリスマスプレゼント〟とか、何か、こう、ないのかねえ。そのくらい思い切らないと、「日本は、お金に換算《かんさん》できること以外はしない」みたいにしか見えないんで、ええ。トランプさんぐらいの乱暴さが、ちょっとはあってもいいんじゃないか。

「政治生命を懸《か》けて、日本の将来を決めてほしい」

プーチン守護霊　これは、安倍さんが、自分の政治生命、最後を懸《か》けて、ちゃんとやるべきだ。「日本の将来のために、こうしたい」とね。「次は中国が危険だと見ているので、ロシアと結んでおくことが、日本の平和にとってはよい」と。

北方四島にある二島の軍事基地、まあ、問題はあるかもしらん。撤去《てっきょ》できるかどうか、問題はあるかもしらんけど、逆に言えば、少なくとも北朝鮮《きたちょうせん》や中国に対する威嚇《いかく》にもなるし、いざといえば、「ロシアの内陸部からでも協力できる」ということになりましたら、中国は、「米露と組んだ日本」は怖《こわ》いと思いますよ。で、〝東郷《とうごう》平八郎《へいはちろう》〟に滅《ほろ》ぼされたらいいんで。うん。うん。

綾織　確かに、「安倍首相の最後の仕事」と言うと失礼かもしれませんけれども、この日露の問題を一つやるだけで、ものすごい功績が遺《のこ》るのは間違《まちが》いないですよね。

プーチン守護霊　遺るよ。「七十年もたっているのだから、もう手打ちしようや」っていう……。

綾織　はい。

プーチン守護霊　戦争して、領土が変更《へんこう》になることもあるけどさあ、なかなか、それは簡単にねえ、どこも返ってこないよ。戦争をして、勝たないかぎりは取り返せないってのは、まあ、普通《ふつう》だけどね。

ただ、友人になってきたら違うこともあるだろう。沖縄《おきなわ》返還だって、時間がずいぶんかかっただろう？　そういうところもあるけれども、そのアメリカとの関係や中国との関係、あるいは、朝鮮半島情勢等との関係があることはあるけど。

まあ、でも、「日本がロシアに一歩踏《ふ》み込《こ》む」っていうかたちを見せてくれれば、何て言うかなあ、いざというときには日本を助けられる関係だしね。

綾織　はい。

日本には、この分野で協力してほしい

プーチン守護霊　今、ロシアが欲《ほ》しいのは「推進力」なんで、日本の経済的なものとの交流をもっと深められればと思う。経済的に推進力が入れば、ある程度の強国に戻《もど》れると思っているんでね。まあ、「日本を抜《ぬ》く」というところまで行くかは知らんけれども。

釈　具体的に欲しい経済的な力というのは、どんなものがございますか。

プーチン守護霊　うーん……、そうだな、宇宙技術とかは持ってはいるんだけど、もうちょっと民生レベルの「工業」、それから「商業」、「会社経営」の力みたいなもの？　これは、日本からもっと学ばないといけないものがそうとうある。分かってないんでね、会社経営みたいなのを。経営力がなくて、分かってないので。このへん、もうちょっと日本の企業《きぎょう》とかに入ってきていただいて、教えてもらいたい。中国ばっかり教えていると、あんまりいいことないかもしれないよ。うーん。

中国を、きれいに自由主義化させたい

綾織　最後になりますが、日露の関係をよくしていくためにもお伺《うかが》いしたいのですけれども、日本の側のロシアに対するイメージというのは、やはり、「共産主義国」であったソ連ということ、また、「日露戦争」、「戦後のシベリア抑留《よくりゅう》」等、いろいろなものがあって、ややマイナスの印象が大きいところもあります。

ただ、今日、お話をお伺いしたように、オーディンの指導を受けられているということでは、神から期待されている国だと思いますので、その観点で、ぜひ、「ロ

シアというのは、こういう国なのだ」というものを日本の国民にお教えいただければと思います。

プーチン守護霊　ああ、ちょっと雪が多くてねえ、なかなか、うーん……。「自由の国」っていうのは、だいたい、もうちょっとあったかくないとね、なかなかそうならないところがあってね（笑）。雪が多い、寒い国なんでね。活動期間が制約されるので、ちょっとつらいのでね。

中国人が日本に爆買《ばくが》いとか、いろいろと気持ちよく行っているというのも聞いたけど、ロシアも日本ともうちょっと行き来できる国になりたいなあと思う。かつてはロシアも尊敬されていてね、トルストイとかドストエフスキーとか、尊敬してくれる方もいっぱいいいたんだけど、米ソの冷戦時代に、だんだんに弱まっていったんでね。

もう一回、文芸復興も含《ふく》めてね？　経済的な復興だけでなくて、文芸復興も含めて、ロシアの文化を高めたいし、日本ともそのへんは〝コラボ〟できるものがあるんじゃないかと思う。

綾織　はい。

プーチン守護霊　で、中国も、もちろん、憎《にく》しみで言うわけではなくて、専制帝国《ていこく》として大きくなっていくなら、ちょっとそれは脅威《きょうい》がすぎるので。ロシアの反面教師でやったら、うまくやったのかもしらんけど。

「走資派《そうしは》」といわれる、資本主義を入れた●鄧小平《とうしょうへい》が、あなたがたの調べによれば、天国に還《かえ》ってなくて地獄《じごく》に堕《お》ちている。いいことをしたはずなのに、地獄に堕ちている。

それはなぜかっていうと、おそらくは、「マルクス主義を〝延命〟させるために、資本主義のところ、経済だけを使って、政治のほうはマルクス主義の全体主義を維《い》

●鄧小平が……　『アダム・スミス霊言による「新・国富論」―同時収録　鄧小平の霊言　改革開放の真実―』（幸福の科学出版刊）参照。

持《じ》しようとしたところが、悪と判定された」ということで。延命に使われたということだね。

綾織　うーん。

プーチン守護霊　だから、「間違っている」という天上界《てんじょうかい》の判断があるんだったらね、それをきれいに自由主義化するんなら、やっぱり、キチッとやるべきだと思う。それならそれで、こちらのほうも文句《もんく》はないですけど。

私のほうとしては、中国とよりは日本との間を緊密《きんみつ》にしたいし、日本が「アジアの玄関《げんかん》」になるべきだというふうに思っているということだね。

もう二十二回も会っているのに……とろい！

プーチン守護霊　なんせ、（過去世《かこぜ》で）●奈良《なら》の大仏を建てたの、私だからね。

●奈良の大仏を建てたの……　『プーチン大統領の新・守護霊メッセージ』（前掲）参照。

綾織　はい。

プーチン守護霊　ええ？　分かってる？

綾織　はい。

プーチン守護霊　うん、だからねえ、「日本防衛」も私の使命だと思ってるんだから。うーん。

綾織　ありがとうございます。

プーチン守護霊　うん。

綾織　はい。信仰《しんこう》を軸《じく》にした新しい世界秩序《ちつじょ》のつくり方というかたちでお伺いできたと思います。本当にありがとうございます。

プーチン守護霊　世界宗教になれよ、本当にねえ。世界宗教になれよ。

綾織　はい。

プーチン守護霊　うーん。だから、あなたがたの伝道したところが、全部、親日国になるように頑張《がんば》れよ。

綾織　はい、はい。

プーチン守護霊　なあ？　ちょっと、釈さんが若いうちに、ちゃんと偉《えら》くなってくれよ。なあ？　もう、ばあちゃんになってから来るなよ。なあ？　もうちょっとねえ、政治レベルでちゃんと話ができるようになりたいなあ。

釈　お励《はげ》まし、まことにありがたく受け止めさせていただきます。

プーチン守護霊　習近平《しゅうきんぺい》はねえ、奥《おく》さんいるからね。

釈　（笑）

プーチン守護霊　うん。まあ、一言《ひとこと》だけ、うーん。

（プーチン守護霊が）何度も出てきてるんだからさあ、親日なの、分かってるじゃない。ねえ？

綾織　はい。

プーチン守護霊　だから、これ（本霊言《れいげん》）もどうせ、また、自分が言ったことを、自分で読むことになるとは思うけど。

安倍さん、とろいよ、しっかりすべきだよ。君たち、もうちょっと〝言論の弾《だん》幕《まく》〟を張らなきゃ駄目《だめ》だと思うよ。

綾織　はい。しっかりと張ります。

プーチン守護霊　ロシアは、別に、日本を占領《せんりょう》しても、いいことなんか何もないから。する気がないので。仲良くすることで繁栄《はんえい》したいと思っているだけですから。

綾織　はい。ありがとうございます。しっかり伝えてまいります。

プーチン守護霊　はい。

綾織　ありがとうございました。

13　日本を、「国際正義の樹立」に参加できる国にしよう！

　アメリカの先行きが分からなくなってきたので、ロシアを探《さぐ》った

大川隆法　（手を二回叩《たた》く）はい、最新のプーチン情報でした。
　もう少し早く録《と》ってもよかったかもしれませんが、アメリカがちょっと分からなくなってきているので、一つの考えとして、出しておいたほうがいいかもしれませんね。

綾織　はい。

大川隆法　いやあ、五冊も守護霊霊言《れいげん》を出すつもりでいる大統領というのは、そう

とうなものですね。いろいろなことをよく知っていますしね。

綾織　はい。アメリカにとっても、トランプ大統領にとっても大きいことです。

大川隆法　本当はいいことなのに、マスコミが責めるので。

しかし、中国のウイグル弾圧《だんあつ》など、やはりこれはよくないでしょう。今の時代にはありえないことです。

これは、ソ連が始まったころのようなひどい状態ではないでしょうか。スターリンの大弾圧を思わせるものが、時差をおいて起きているように見えなくもありません。

やはり、日本は経済的にもう少しリバウンドしておくべきでしたね。少々遅《おく》れたのは残念なことではあります。ただ、もっと落ち込《こ》む恐《おそ》れもあったので、それよりはましですけどね。

何とか、もう一段、「国際正義の樹立」に参加できるような国になりたいものです。

綾織　はい。しっかりと啓蒙《けいもう》してまいります。

言論を発信し続けていると、影響《えいきょう》が広がり、動き始める

大川隆法　幸福の科学が発信している内容も、言論と言えば言論ですが、読むべき人が読んではいるので、世界は動いていると思います。

渡部昇一《わたなべしょういち》先生的に言えば、「どんなに大きな釣り鐘《つりがね》でも、ちょっとずつ押《お》し続けていくうちに、だんだん揺《ゆ》れ始め、やがて大きく揺れるようになるという話がある。自分の言論は蚊《か》が刺《さ》したようなものかもしれなくても、ずっと言い続けていると、だんだん大きく揺れてくる」というわけです。

当会の場合は、蚊が刺したよりは、もう少し大きいところぐらいまで威力《いりょく》がある

とは思います。今、幸福実現党がマスコミを兼《か》ねているような状態にも近いのですけれども、何とか、国民を啓蒙しながら進んでいきたいですね。

綾織　はい。

大川隆法　「自分のところへ講演会に来いよ」と言ってくれる大統領も少ないので(笑)。

フィリピンにしても、ドゥテルテ大統領への見方はずいぶん変わりましたしね。

綾織　そうですね。それまでの論調等が全部引っ繰《く》り返ってきました。

大川隆法　悪口を言われなくなってきましたしね。

●ドゥテルテ大統領への……　『ドゥテルテ フィリピン大統領 守護霊メッセージ』(幸福の科学出版刊)参照。

綾織　そうですね。はい。

大川隆法　トランプ大統領への見方にしても、日本ではそうとう支持が増えてきたと思われます。

そういう意味では、しっかりと影響《えいきょう》はしているのではないでしょうか。もちろん、全員が読んでいるわけではないので、分からない人もいるとは思います。ただ、おそらく、ロシアへの見方についても、「日露《にちろ》平和条約の締結《ていけつ》を突然《とつぜん》に言い出したというわけではない」ことを分かってもらえればよいかと考えています。

これも、本当に〝釣り鐘理論〟で、何度も何度も同じことを言わなければ駄目《だめ》なのかもしれません。

綾織　はい。繰り返し言ってまいります。

幸福実現党のみが「無条件での日露《にちろ》平和条約」を求めているせんね。

大川隆法　幸福実現党も粘《ねば》らなければならないでしょう。何とかしなければいけま

釈　ありがとうございます。国論を大きく変えて、頑張《がんば》ってまいります。

大川隆法　日本には、現状を動かさないようにする「現状維持《いじ》の力」がそうとうあるので。

マスコミの動きというものを見ると、「小池百合子《こいけゆりこ》ブーム」をつくったり、「大阪《おおさか》維新の橋下徹《はしもととおる》ブーム」をつくったりと、何だか〝小さい〟ですね。「築地《つきじ》市場が移転するかしないかなどといったことは、それほど国の一大事なのか」ということです。移転先を豊洲《とよす》につくっておきながら、移転するしないということであれほど騒《さわ》

ぐのを見ると、小さいなと感じます。マクロの目がないですね。

綾織　今、幸福実現党のみが「無条件での日露《にちろ》平和条約」ということを言っていますので、これを本当に広げていきたいところです。

大川隆法　まあ、おっしゃるとおりだと思いますよ。いやあ、（北方領土については）漁業権ぐらいでしょう。あとは、墓参《はかまい》りをしてちょっと会えるという程度のところではないでしょうか。

綾織　はい。

大川隆法　他人《ひと》のもの、外国になってしまっているという無念さぐらいだけれども、ただ、そういう人たち自身も死期が近づいているでしょうから。

安倍《あべ》首相もそういうところに少し弱い部分があります。拉致《らち》家族の問題等も……。ただ、こういったものについては、もう、ある程度、変えるべきではないかと思いますね。「大を取らなければいけない時期が来た」のではないでしょうか。

綾織　はい。

大川隆法　それでは以上としますが、頑張ってください。ありがとうございました。

質問者一同　ありがとうございます。

あとがき

ヨーロッパは二十数カ国が集まって、一種の、社会主義的連邦をつくり出している。そこでは休日には、ほとんどの商店がしまり、平日でも二十四時間営業が法律で禁じられている、フランスに代表される国もある。

他方では、米国や日本のように、コンビニが栄え、二十四時間、三百六十五日営業の店が多い国もある。後者が、より自由主義的であることは、もちろんである。中国が接近しつつあるＥＵは、もう一つの社会主義圏、共産主義圏のにおいがするのである。

ロシアも今、「自由主義」を求めている。本書では、プーチン大統領守護霊は、「信仰」を第一に立てることと、「日露平和条約」を締結することを求めている。神を証人に立てて、友好と平和の未来を築きたいということであろう。

トランプ大統領やプーチン大統領が狂ってみえるマスコミ関係者もあろうが、主権を失った国もまた、全体主義に流されやすいことを忘れてはなるまい。

二〇一八年　十一月十三日

幸福実現党創立者兼総裁《こうふくじつげんとうそうりつしゃけんそうさい》　大川隆法《おおかわりゅうほう》

『日露平和条約がつくる新・世界秩序　プーチン大統領守護霊 緊急メッセージ』

関連書籍

『プーチン大統領の新・守護霊メッセージ』（大川隆法 著　幸福の科学出版刊）
『プーチン 日本の政治を叱る』（同右）
『ロシアの本音　プーチン大統領守護霊 vs. 大川裕太』（同右）
『習近平守護霊　ウイグル弾圧を語る』（同右）
『守護霊インタビュー トランプ大統領の決意』（同右）
『公開霊言 女優・樹木希林』（同右）
『スピリチュアル・インタビュー　メルケル首相の理想と課題』（同右）
『守護霊インタビュー　習近平 世界支配へのシナリオ』（同右）
『安倍昭恵首相夫人の守護霊トーク「家庭内野党」のホンネ、語ります。』（同右）
『マイティ・ソーとオーディンの北欧神話を霊査する』（同右）

『アダム・スミス霊言による「新・国富論」
――同時収録　鄧小平の霊言　改革開放の真実――』（同右）
『ドゥテルテ フィリピン大統領 守護霊メッセージ』（同右）
『ロシア・プーチン新大統領と帝国の未来』（大川隆法 著　幸福実現党刊）

日露平和条約《にちろへいわじょうやく》がつくる新《しん》・世界秩序《せかいちつじょ》
プーチン大統領守護霊《だいとうりょうしゅごれい》 緊急《きんきゅう》メッセージ

2018年11月14日　初版第１刷

著　者　　大《おお》　川《かわ》　隆《りゅう》　法《ほう》

発　行　　幸福実現党
〒107-0052 東京都港区赤坂２丁目10番８号
TEL(03)6441-0754

発　売　　幸福の科学出版株式会社
〒107-0052 東京都港区赤坂２丁目10番14号
TEL(03)5573-7700
https://www.irhpress.co.jp/

印刷・製本　株式会社 研文社

落丁・乱丁本はおとりかえいたします

ISBN978-4-8233-0049-3 C0030
カバー，帯 AFP= 時事，読売新聞／アフロ
装丁・イラスト・写真（上記・パブリックドメインを除く）© 幸福の科学

大川隆法 霊言シリーズ・プーチン大統領の本心に迫る

プーチン 日本の政治を叱る
緊急守護霊メッセージ

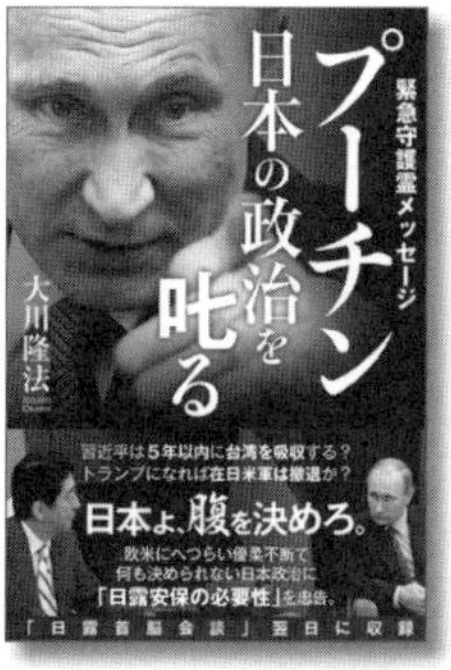

日本はロシアとの友好を失ってよいのか？ 日露首脳会談の翌日、優柔不断な日本の政治を一刀両断する、プーチン大統領守護霊の「本音トーク」。

1,400円

プーチン大統領の新・守護霊メッセージ

独裁者か？ 新時代のリーダーか？ ウクライナ問題の真相、北方領土をはじめとした日露関係の未来など、プーチン大統領の驚くべき本心が語られる。

1,400円

ロシア・プーチン 新大統領と帝国の未来
守護霊インタヴュー

中国が覇権主義を拡大させるなか、ロシアはどんな国家戦略をとるのか!？ また、親日家プーチン氏の意外な過去世も明らかに。【幸福実現党刊】

1,300円

大川隆法 霊言シリーズ・世界情勢を読む

北朝鮮の実質ナンバー２
金《キム》与《ヨ》正《ジョン》の実像
守護霊インタビュー

米朝会談は成功か、失敗か？ 北朝鮮の実質ナンバー２である金与正氏守護霊が、世界中のメディアが読み切れない、その衝撃の舞台裏を率直に語った。

1,400円

文在寅守護霊 vs.
金正恩守護霊
南北対話の本心を読む

南北首脳会談で北朝鮮は非核化されるのか？ 南北統一、対日米戦略など、宥和路線で世界を欺く両首脳の本心とは。外交戦略を見直すための警鐘の一冊。

1,400円

米朝会談後の外交戦略
チャーチルの霊言

かつてヒットラーから世界を救った名宰相チャーチルによる「米朝会談」客観分析。中国、韓国、ロシアの次の一手を読み、日本がとるべき外交戦略を指南する。

1,400円

大川隆法 霊言シリーズ・共産主義の本質に迫る

赤い皇帝 スターリンの霊言

旧ソ連の独裁者・スターリンは、戦中・戦後、そして現代の米露日中をどう見ているのか。共産主義の実態に迫り、戦勝国の「正義」を糺《ただ》す一冊。

1,400円

マルクス・毛沢東のスピリチュアル・メッセージ
衝撃の真実

共産主義の創唱者マルクスと中国の指導者・毛沢東。思想界の巨人としても世界に影響を与えた、彼らの死後の真価を問う。

1,500円

アダム・スミス霊言による「新・国富論」
同時収録 鄧小平の霊言 改革開放の真実

国家の経済的発展を導いた、英国の経済学者と中国の政治家。霊界における境遇の明暗が、真の豊かさとは何かを克明に示す。

1,300円

※表示価格は本体価格(税別)です。

大川隆法ベストセラーズ・地球的正義を求めて

正義の法

憎しみを超えて、愛を取れ

テロ事件、中東紛争、中国の軍拡——。どうすれば世界から争いがなくなるのか。あらゆる価値観の対立を超える「正義」とは何かを指し示す。

2,000円

国家繁栄の条件

「国防意識」と「経営マインド」の強化を

現在の国防危機や憲法問題を招いた「吉田ドクトリン」からの脱却や、国家運営における「経営の視点」の必要性など、「日本の進む道」を指し示す。

1,500円

危機のリーダーシップ

いま問われる政治家の資質と信念

党利党略や、ポピュリズム、嘘とごまかしばかりの政治は、もう要らない。国家存亡の危機にある今の日本に必要な「リーダーの条件」とは何か？

1,500円

想像を絶する、
〝始まり〟へ。
3億3千万年の時空を超えて――いま、
壮大なスケールで描かれる真実の創世記。
この星に込められた、「地球神」の愛とは。
製作総指揮・原案／大川隆法
長編アニメーション映画
宇宙の法 黎明編
The LAWS of the UNIVERSE-PART I
逢坂良太　瀬戸麻沙美　柿原徹也　金元寿子　羽多野 渉　／　千眼美子
梅原裕一郎　大原さやか　村瀬 歩　立花慎之介　安元洋貴　伊藤美紀　浪川大輔
監督／今掛 勇　音楽／水澤有一　総作画監督・キャラクターデザイン／今掛 勇　キャラクターデザイン／須田正己　VFXクリエイティブディレクター／粟屋友美子
アニメーション制作／HS PICTURES STUDIO　幸福の科学出版作品　配給／日活　配給協力／東京テアトル　©2018 IRH Press
10.12［FRI］日米同時公開
laws-of-universe.hspicturesstudio.jp